■ 辽宁省博士科研启动基金指导计划项目(2017052
大连交通大学学术著作出版基金资助出版

铁路货物运输发展
演化机理研究

王 宇／著

西南交通大学出版社
·成都·

图书在版编目（ＣＩＰ）数据

铁路货物运输发展演化机理研究 / 王宇著. —成都：
西南交通大学出版社，2017.9
ISBN 978-7-5643-5784-9

Ⅰ. ①铁… Ⅱ. ①王… Ⅲ. ①铁路运输－货物运输－
交通运输史－研究－中国 Ⅳ. ①F532.9

中国版本图书馆 CIP 数据核字（2017）第 232930 号

铁路货物运输发展演化机理研究

王宇　著

责 任 编 辑	周　杨
封 面 设 计	原谋书装
	西南交通大学出版社
出 版 发 行	（四川省成都市二环路北一段 111 号
	西南交通大学创新大厦 21 楼）
发行部电话	028-87600564　028-87600533
邮 政 编 码	610031
网　　　址	http://www.xnjdcbs.com
印　　　刷	四川煤田地质制图印刷厂
成 品 尺 寸	170mm×230 mm
印　　　张	10.75
字　　　数	175 千
版　　　次	2017 年 9 月第 1 版
印　　　次	2017 年 9 月第 1 次
书　　　号	ISBN 978-7-5643-5784-9
定　　　价	58.00 元

研究"演化"是为了"温故而知新"。历史是一面镜子，回顾历史可"鉴前世之兴衰，考当今之得失"。由于经济社会发展的进程不同，世界各国铁路货运发展演化进程也不尽相同，但伴随着经济社会的发展，却呈现出基本相似的演化轨迹。中国铁路货运未来的发展会不会在未来面临和西方同样的窘境，会不会呈现相似的演化规律，值得中国铁路研究者们深思。机理研究是在对研究对象内外部进行原因分析的基础上，找出其发展变化规律特征的一种科学分析方法。在解决社会对运输需求的快变性与铁路货运供给慢变性这两种背反特征间的均衡难题时，对铁路货运发展演化进行机理研究是寻找答案的一个有效途径。而目前对于铁路货运发展演化机理的研究却大大滞后于铁路货运的实际发展，对铁路货运发展演化进行系统的机理研究势在必行。因此本书通过对我国铁路货运发展演化的生命周期特征、区域空间特征及影响机制运作等方面进行理论研究和实践分析，为我国铁路货运的可持续发展提供理论保障和实践依据。本书具体从以下几个方面对铁路货运发展演化机理进行了深入系统的研究：

1. 在对国内外铁路货运发展演化进行现状评述及演绎推理的基础上，对铁路货运发展演化机理进行了阐释。

这包括：在生物进化论和铁路货运演化之间建立了隐喻关系，对铁路货运演化及演化机理的概念进行了阐释；基于工程演化论对铁路货运发展演化机理的研究范围进行了阐释；基于系统论对铁路货运系统及序参量进行了阐释；基于运输需求和供给理论对铁路货运发展演化影响机制运作体系结构模型进行了阐释。

2. 从铁路货运发展演化的内部机理出发,基于时间尺度对铁路货运发展演化的规律特征进行研究。

首先,运用多项式函数对铁路货运发展演化研究曲线进行拟合分析,识别出我国铁路货运发展演化的曲线生长特征。随后,将生长曲线理论移植到铁路货运发展演化的规律特征分析中并进行算法改进,根据调整拟合优度最大隶属原则,设计出基于调整拟合优度的生长曲线模型算法。最后,应用该算法对我国铁路货运发展演化的生命周期进行划分,并对各生命周期的生长曲线形式进行了识别,定量分析了我国铁路货运发展演化的规律特征。

3. 从铁路货运发展演化的内部机理出发,基于空间尺度对铁路货运发展演化的区域空间特征进行研究。

首先,从空间位置邻近性和运输联系相关性的角度设计出空间单元融合算法,并运用该算法对我国铁路货运区域空间的分布特征进行分析,划分出我国铁路货运区域空间范围。随后,通过对不同区域空间的运输联系及货流特征进行分析,得到我国铁路货运各区域演化的功能定位及货运通道的发展方向。最后,基于经济系数对我国铁路货运区域空间进行分析预测,得到我国铁路货运区域空间的演化趋势。

4. 从铁路货运发展演化的外部机理出发,从动力机制和支撑机制两个角度对铁路货运发展演化的动因机制进行了理论研究与实践分析。

首先,在构建出基于组合分辨系数的灰色关联分析方法来进行动力机制运作主指标提取的基础上,结合工业化阶段划分理论和运输演化理论,设计出动力机制运作影响分析方法及步骤,并运用该方法进行实践分析,得到我国铁路货运发展演化的需求动力和方向动力,从而为我国铁路货运发展演化提供了运输需求的合理性判断以及发展方向的导向性策略。随后,在灰色生产函数中加入"时滞"变量,设计出支撑机制运作影响分析研究时所采用的时滞灰色生产函数模型及分析步骤,并运用该模型进行实践分析,得到我国铁路货运发展演化中各项投入的贡献特征,从而为我国铁路货运发展演化提供支撑投入的导向性策略。

5. 从铁路货运发展演化的外部机理出发，从评价机制和调整机制两个角度对铁路货运发展演化的运作机制进行实践分析。

首先，在选取评价机制运作指标的基础上，对各运作指标的特征及原因进行分析，得出目前我国铁路货运发展演化需解决的主要问题，进而对我国铁路货运发展演化调整策略的制定提供现状评价指导。随后，根据铁路货运发展演化影响机制运作体系结构模型的基本思想，对动力机制、支撑机制和评价机制影响运作的研究成果进行综合分析，得到铁路货运发展演化的调整策略。最后，将调整策略和调整机制的实际运作进行比较分析，判断出目前我国铁路货运发展演化调整机制的运作效应。

最后，对全书的研究内容及创新点进行了总结，并对后续的研究工作进行了展望。

作者
2017 年 6 月 11 日

目录 // contents

第1章 绪 论

1.1 研究背景

铁路货物运输（简称铁路货运）是工业革命的产物，世界上第一条办理客货运业务的铁路（斯托克顿—达林顿）自 1825 年在英国建成并投入运营以来，铁路货运已经历了 190 多年的历程。19 世纪 30 年代以来，铁路作为运量大、成本低、可靠性高的陆地货物运输方式，通过不断创新，不断演化，逐渐成为各工业发达国家货物运输的主体，对实现各国的经济联系起到了重要作用。20 世纪 40 年代后，随着各发达国家经济结构的转型以及公路、航空、水路和管道运输的发展，铁路货运的主体地位逐渐发生改变。大部分中、短距离的货物运输被公路所取代，石油、天然气等货物也逐渐改为管道或水路运输。因此，很多国家的交通运输政策选择对铁路进行严格的管制，而向公路、航空倾斜，导致很多运行线路被废弃，浪费了大量的运输资源，政策的取向伤害了铁路，铁路货运的发展演化也从兴盛转向不景气，甚至出现了衰败的迹象。目前，虽然在倡导节能减排、环境保护的全球化背景下，一些国家又有重振铁路货运的设想，但走回头路谈何容易。

新中国成立之初，百废待兴，随着铁路的建设发展，铁路货运打破了经济发展的地域限制，资源分布和工业布局不均衡的局面得到缓解，为经济发展、社会稳定提供了重要基础保障。到 20 世纪 80 年代，铁路已经负担着我国货物运输 35.16% 的货运量和 50.83% 的货物周转量，成为货物运输的主体和社会经济联系的主要纽带。

改革开放以来，随着我国社会经济的不断发展以及人民物质生活水平的提高，煤炭、钢铁、原油、粮食等大宗物资的运输需求越来越大，铁路运量逐年上升，但市场份额（货物周转量）却由 1978 年的 53.84% 下降到了 2000 年 31.07%。社会经济发展对货运需求的快变性与铁路货运供给慢变性的背反特征逐步显现。

从 21 世纪开始,铁路部门进行了一系列挖掘和提高铁路货运供给能力发展策略的实施:生产力布局调整等改革促进了铁路体制的发展;六次铁路大提速和改变货流、车流、列流的组织方式,提高了线路的通过能力;各种货运品牌列车的发展,使运输产品贴近了市场的需求;"大客户战略"为大客户提供了运力保障。到 2008 年,在路网规模仅增长 9.8%的情况下,铁路货物周转量比 2002 年增长了 37.4%,但铁路货运市场份额却从 2001 年的 30.80%持续下滑到 2008 年的 22.76%。

2008 年,我国实行了"高铁战略",该战略的实施不仅缓解了客运压力,铁路货运的供给能力也得到了极大的缓解和释放,但是铁路货运市场份额却仍然连年下滑,2012 年铁路货运量首次出现了"不升反降"的局面。2013 年中国铁路总公司成立,并在同年在全路开展铁路货运组织改革,目的就是为了改善市场和服务状况,多方面争取货源和收入渠道,以缓解货运市场下滑的局面,努力使铁路货运走上正轨。中国铁路货运会不会呈现和西方铁路相似的演化规律,同样面临不景气甚至衰败的局面,值得中国铁路研究者们深思。

铁路货运发展演化的研究不仅仅是研究铁路货运发展的表象,更重要的是对于伴随铁路货运发展的内外部原因(机理)的研究分析。在面对社会经济发展对货运需求的快变性与铁路货运供给慢变性这两种背反特征间的均衡难题时,对铁路货运发展演化进行机理研究是一个有效的解决手段,可以科学地得出铁路货运发展演化的时空特征规律及发展策略导向。但目前对于铁路货运发展演化机理的研究却大大滞后于铁路货运的实际发展,对铁路货运发展演化的机理研究势在必行。

1.2　文献综述和研究空间

1.2.1　运输演化理论研究综述

20 世纪 90 年代,国内外开始逐步关注运输发展形态问题的研究,荣朝和(2001)对 20 世纪 90 年代运输发展理论方面的研究成果进行了综述,主要包含运输演化模型、运输化理论、"脉冲式发展"理论、阀值理论、铁路货运需求的四阶段模型和城市交通阶段性发展理论等,这些运输发展理论主要探究的就是在经济发展的各个阶段，运输方式相应呈现的特点以及未来发展的趋势。在综合分析上述运输发展理论后荣朝和指出，运输业在演化过程中受到如环境、资源条件以及人口负担等多种因素的制约，运输发展水平的极限程度及该极限程度的到达时间也存在差异，要使运输发展与社会经济发展的要求相适应，就要努力实现各种运输方式发展的可持续性[1]。张国强（2007）等将运输发展理论进行了进一步的解释，将运输发展理论定义为一个国家或地区交通运输的发展机制、发展效率和发展模式选择的理论，运输发展研究不仅仅是研究运输规模的增长的表象，更重要的是研究伴随运输规模增长的运输质的增长，而从运输质的增长来看，运输的发展机理是内因。张国强在回顾了国内运输发展研究的成果后，认为交通运输发展理论的研究应归为两类：一类是综合交通发展理论，另一类是运输适应性、运输演化和运输结构理论，并将荣朝和教授归纳的相关运输发展理论归为运输演化理论，同时对运输演化理论的研究进行了归纳和展望[2]。基于以上两位学者的研究成果可以得出，运输演化理论实际上是运输发展理论的重要组成部分，其贡献在于从运输演化史及经济结构演化的视角对运输演化的结构性变化及发展特征进行考察，从而得出不同阶段运输演化呈现的规律特征。本书对相关文献进行了查阅，对相关运输发展理论中呈现的货运演化规律和特征进行分析研究，以期望对本书的研究提供相关的理论支持和研究空间。

Arnulf（1990）提出运输演化模型，该模型通过对 1800 年以来美国的运河、铁路、公路等运输方式按里程增长的变化规律进行分析，并绘制了美国各类运输基础设施成熟程度的示意图，该图准确地刻画出了各主要运输方式在演化过程中都呈现出典型的生命周期特征，即都经历了产生、发展、成熟和衰退的演化阶段；并且各种运输方式在演化过程中采取的实际运作方式都随着国家经济结构的演化和运输技术水平的创新而从线路数量的增长逐渐更关注提高运输质量[3]。

荣朝和（1990，1993）在提出运输化理论后[4]，又在其著作中详细论证了该理论[5]。该理论和 Arnulf 的运输演化模型相比，具有两个不同的特点：一是运输化理论将包含各种运输方式的整个运输系统作为研究对象；二是刻画了运输化和工业化发展阶段的对应关系。该理论根据工业化的发展阶段，相对应地将运输化阶段分为：前运输化阶段（对应前工业化阶段）、初步运输化阶段和完善运输化阶段（对应工业化阶段）、后运输化阶段（对应后工业化阶段），并绘制了各发达国家运输化分阶段示意图，如图 1-1 所示。根据运输化与工业化以及各种运输方式的对应关系，各种运输方式的总货运量是一条先逐渐加速增长、再逐渐减速增长、最后基本停止增长的曲线，该曲线具有明显的生命周期特征。并且在运输化发展的不同阶段，不同运输方式呈现出的发展特征也不尽相同，在初步运输化阶段呈现的特点是不同运输方式数量（通常指线路数量）的交替，而在完善运输化阶段呈现的是不同运输方式的联合运作，向综合物流和集装箱联运的方向发展，最终在后运输化阶段形成综合运输体系的特点。

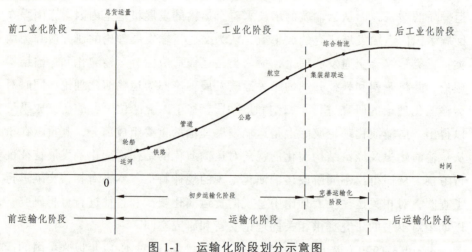

图 1-1　运输化阶段划分示意图

图片来源：荣朝和. 论运输化[M]. 北京：中国社会科学出版社，1993.

韩彪（1994）在荣朝和教授提出的运输化理论的基础上，提出了运输发展的"脉冲式"理论。该理论将运输业的发展分为"渐变期"和"剧变期"两种形态，两种形态经过一定时间的"渐变期"交替占据主导地位，形成了所谓"脉冲式"发展形态[6]。"脉冲式"运输发展理论实际上与 Arnulf 的运输演化理论有相似之处，但是该理论又与荣朝和的运输化理论相结合，考虑了工业化阶段和运输化阶段内不同运输方式交替更替的发展特点。各运输方式总货运量的"脉冲式发展"与运输化各阶段关系如图 1-2 所示。虽然"脉冲式"理论提出各种运输方式在演化过程中总货运量呈现阶段性的"脉冲式"发展，可能不符合生命周期的演化规律，但是荣朝和通过对该理论进行分析后得出，运输演化的"脉冲式"特点不会无限制地循环下去，而会随着运输化阶段的进程趋于平缓，近年来高速铁路与当年运河、铁路以及公路一样，带来的"脉动式"效果明显降低就是一个很好的证明。所以各种运输方式的总货运量在运输演化的过程中会呈现生命周期的特征也是可以确定的。

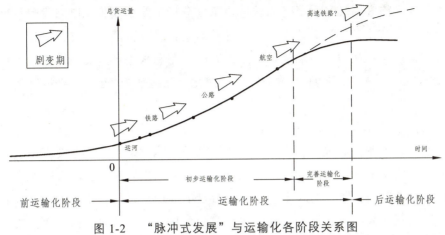

图 1-2　"脉冲式发展"与运输化各阶段关系图

图片来源：韩彪. 交通运输发展理论[M]. 大连：大连海事大学出版社，1994.

　　熊永均（1999）从成本角度提出了"运输成本阈值"理论。该理论从运输的本体特性出发，指出经济增长和市场的完善其实都是运输成本降低的产物，所以熊永均以货物运输成本变化来解释运输演化中总货运量的变化过程，如图 1-3 所示。由此得出的运输化阶段的划分结果和荣朝和教授从运输技术角度得出的运输化阶段结果是相同的，而总货运量也呈现生命周期的曲线形式[7]。

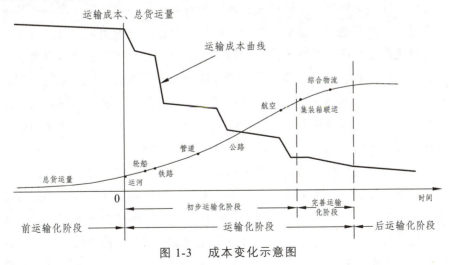

图 1-3　成本变化示意图

图片来源：熊永均. 铁路与经济增长[M]. 北京：中国铁道出版社，1999.

21世纪以来，国内学者对于运输演化理论继续进行着相关分析和研究，刘丽（2001）等在对美国运输网络演替规律进行分析的基础上，从线路长度增长速度、旅客周转量和货运周转量等角度分析了新中国成立以来我国各种运输方式的演化竞争演替特征，并对各种运输方式的特征原因进行了分析。分析结果表明，从我国运输演化特点来看，公路和水路迅速发展，打破了铁路长期垄断的局面，到21世纪中国运输演化会到达铁路、公路、水运三足鼎立的阶段[8]。

唐国玺（2007）在对我国货运需求进行特征分析的基础上，从国民经济发展水平、工业化进程和产业结构、交通基础设施建设以及信息技术发展四个方面对我国货运需求的发展进行了分析。分析结果表明，我国目前处于工业化中后期阶段，货运需求主要表现在数量上的增长，但随着上述四个方面的不断发展，我国货运需求结构将发生改变，从数量逐渐向价值转变，货运需求的数量的增长速度将逐步放缓[9]。

吴群琪（2009）等根据不同运输方式的技术经济特点，从运量、运输距离和运输需求3个维度来构建运输需求维度，讨论不同运输方式和运输需求维度之间的关系，从而得出运输系统演化机理和发展趋势。结果表明，各种运输方式在运输演化的过程中都存在着相互交叉和衔接的演化规律，从演化规律可以看出，综合运输的出现是运输系统演化到达一定阶段的必然结果[10]。

马俊（2011）应用交通区位论从理论上对交通网络的演进过程与机制进行了研究，在对交通网络的演进分析中得出，交通网络的演化一般需要经过节点的形成及变化期、不同节点的连接期、交通网络层次体系的形成期、交通基本网的形成期、主导运输方式的转换期和交通网络的继续演化期。在大多数情况下，运输网络的演化就是遵循着这样一个循环往复、累计发展的过程。同时，在对交通网络演进的重要特征分析中得出，交通网络演进的过程中各种运输方式的演化都具有典型的生命周期特征[11]。

通过对运输演化理论的研究进行综合分析后，可以得出以下结论：

（1）从运输演化理论来看，在运输化发展过程中的不同阶段，不同运输方式的发展特点也不尽相同，在初步运输化阶段呈现的特点是不同运输方式线路数量的增长，而在完善运输化阶段呈现的是提高运输质量的特征，具体表现为不同运输方式的联合运作，向综合物流和集装箱联运方向发展，最终会形成综合运输体系。对于本书的研究对象而言，由于铁路货运系统是综合运输系统的重要组成部分，所以其发展演化过程中也应呈现相似的阶段式发展特征规律。

（2）根据运输演化理论可以分别得出，各种运输方式的运输里程和总货运量在演化的过程中均呈现明显的"缓慢发展→快速发展→趋于平衡→逐步下滑"的生命周期特征，从而可以提出铁路货运发展演化过程也应呈现相似生命周期特征的条件假设。

（3）由于研究角度的不同，上述研究偏重于对综合运输进行演化阶段特征的分析，但对于单一运输的演化阶段特征只是大致描述，并且由于各个国家的运输演化实际情况不同，所以对于运输演化阶段具体时间的划分没有进一步分析。因此，本书还需着重对铁路货运发展演化特征规律的相关文献进一步进行整理分析。

（4）上述研究虽然没有明确地指出运输演化过程中的影响机制，但从相关理论仍然得出经济水平、运输技术、运输成本、运输质量、运输需求在不同运输演化理论中的机制作用，而由于研究目的不同，上述研究缺乏对运输演化影响机制进行的全面分析。正如张国强（2007）等指出，运输演化研究不仅是研究运输规模增长的表象，更重要的是还要对伴随运输规模增长的运输影响机制进行分析，而目前对于运输演化影响机制大多只是从运输技术推动和需求诱致两个方面来分析，仍不能全面解释具有类似经济背景的经济体为什么会呈现不同的运输演化特征的问题，即缺乏运输演化机制的全面分析[2]。因此，本书还需着重对铁路货运发展演化影响机制的研究文献进一步进行整理分析。

1.2.2   铁路货运演化特征研究综述

1. 国外铁路货运演化特征研究综述

19 世纪 30 年代开始，铁路作为陆地的主要货物运输方式，对实现欧洲工业革命以及发展各国之间的经济起到了重要的作用。20 世纪 40 年代以后，随着公路、航空、管道和水路的发展，许多发达国家铁路货运的主体地位发生了变化，铁路货物运输受到了极大的冲击和挑战[12]。在这种情况下，国外学者和相关部门纷纷从不同角度对铁路货运的发展特征及方向进行研究，以期望缓解和改善铁路货运市场下滑的局面。

Assad（1980）对美国货运收入呈现逐年下滑的发展特征进行了分析，结果表明主要原因是其运营效率的不足和公路运输的竞争，并提出了铁路运输演化模式分析模型，据此对美国铁路货运未来的演化模式进行了研究[13]。

加拿大运输发展中心（1985）为应对加拿大铁路货运市场下滑的局面，提出了增强本国铁路货运发展研究计划报告[14]。

Donald（1995）等在对美国铁路货物运输发展现状进行总结的基础上，从铁路路网战略、货运产品战略、经营管理战略三个方面对美国铁路货物运输的发展战略进行了研究[15]。

如何使欧洲铁路货物运输走上正轨也成为欧洲运输部长会议（ECMT）的主题，例如2001年在布拉格召开的欧洲运输部长会议（ECMT）上，提出了欧洲铁路货运市场服务监管改革报告，以改善欧盟成立后各成员国之间铁路货运管理中出现的服务监管问题[16]。2002年在巴黎召开的ECMT上又再次提出了欧洲铁路货运运输整合的改革报告[17]。

Casson（2005）对英国1825—1914年英国铁路运输演化的特征进行了分析，分析表明英国铁路运输发展具有生命周期的演化特征，并且最近50年内客货运量均呈现衰退的趋势[18]。

Allan（2008）对公路和铁路在美洲各国家的货物发展特点和趋势进行分析后，提出基础设施、政策法规、运营和科技的影响对铁路和公路货物运输的影响，并提出国际公路和铁路运输部在继续增加线路里程的基础上，更应该改善运营质量和运输成本，要提高市场合作，提高综合运输的服务效率，从而提高经济性和环保功能[19]。

Eugenio（2009）等从对西班牙1956—2006年宽轨铁路运输的演化进行了分析，认为目前以客货运的发展形势来看，不宜进行新建线路的建设，而应专注于线路灵活度的提高，从而进行了铁路网络灵活度分析软件的开发[20]。

Jordi（2013）以十年为时间段，对1840—2010年的欧洲铁路运输的演化特点进行了研究，研究表明由于货运量的递减，在欧洲新线（不包括高速铁路）的建设几乎为零，目前的首要问题是如何将欧盟成员国内不同标准的铁路网进行整合[21]。

Hendrik（2014）在对欧洲铁路货运和物流产业发展现状进行总结分析的情况下，提出了铁路货运市场扩张的发展战略，即铁路货运要向物流领域进行市场延伸和发展。同时提出，铁路货运应该作为欧洲物流业的一个子行业，并对波兰全球国际货运铁路的市场拓展的成功经验进行了分析[22]。

从上述文献可以看出，正如运输演化理论的研究成果显示的那样，目前各发达国家的铁路货运发展演化正处于完善运输化阶段向后运输化阶段的转变期，有些国家甚至已经处于后运输化阶段，铁路货运发展演化曲线均出现变缓甚至下滑的特征，因此各个国家对于铁路货运的发展策略也从关注线路数量的增长转向更注重提高运输质量，所以如何提高运输质量成为了目前国外对于铁路货运研究的重点。这从另一个角度对运输演化理论的正确性提供了实证支持，使本书坚定了运用运输演化理论来对铁路货运发展演化相关内容进行研究的信心。

2. 国内铁路货运演化特征研究综述

从国内对于铁路货运演化特征的研究来看，王际祥（1995）通过研究"数量性需求增长"和"结构性需求增长"的相互关系，建立了铁路货运需求增长四阶段模型，来刻画铁路货物运输演化的特征规律，如图 1-4 所示。王际祥指出，我国铁路货运从 20 世纪 50 年代初到 80 年代末，货运需求增长相当于第Ⅱ阶段的水平，随着经济发展和产业结构转变，我国铁路货运需求增长将在 90 年代初进入第Ⅲ阶段。这一阶段铁路货运需求将继续增长，但小于国民经济的增长速度，铁路应加大路网建设，努力弥补经济发展对铁路货运的需求[23]。该研究是国内为数不多从运输演化理论角度对铁路货运演化规律特征进行分析的文献，但是由于研究角度的不同，该研究的重点在于铁路货运需求和经济发展的关系，其实还是偏重于铁路货物运输对于经济的支撑功能或从属功能，而忽视了铁路货运在发展演化过程中的本体特性，但该文仍给本书的研究提供了良好的借鉴。

管楚度（2000）提出基于本体论的交通区位论，他指出应利用系统论观点分析交通运输系统的主要贡献，依据主贡献因素特性进行交通系统的各项分析和研究，才能置信地找出合理的研究结果[24]。管楚度的研究对本书的研究有着很强的提示，一是要重点从本体论的角度对铁路货运发展演化的规律特征进行分析，二是要采用系统论来确定研究对象。基于铁路货运本体特征进行铁路货运发展特征的研究文献主要有：

张红亮（2013）等从高速铁路成网背景下铁路货物运输的发展特征——货运量、货运品类、货物平均运距等角度，分析了铁路货运发展现状及问题，并从经营理念、货运产品设计、运输组织方式等角度提出铁路货运的发展策略[25]。

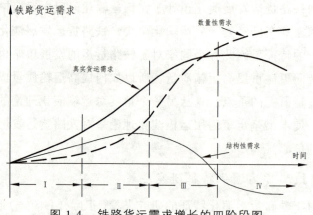

图 1-4　铁路货运需求增长的四阶段图

图片来源:王际祥. 铁路货运需求增长与经济发展的关系——数量与结构分析[D]. 北方交通大学,1995.

严季(2003)等,周爱国(2002)等针对我国各种交通运输方式的基础结构和技术装备状况,全社会货运量和各种运输方式所占份额的情况,市场竞争力的变化趋势,对我国铁路货物运输的发展趋势进行了分析[26, 27]。

汪涛(2003)等从铁路企业运营模式的角度对我国铁路货物运输业的发展变革进行分析,并将铁路货物运输业分为三个阶段特征,即效率导向阶段(1949—1982)、效益导向阶段(1982—1995)和竞争导向阶段(1995至今)[28]。

姜旭(2011)对铁路货运市场下滑的原因进行了分析,指出由于统计指标的不完善,造成在铁路货运发展中衰退的假象,铁路货运仍然是我国货运的主体,应该继续加强基础设施的建设,并应通过货物附加值来对我国铁路货物运输发展特征进行分析[29]。

杨潇(2015)从货物周转量的角度对我国铁路货运的发展阶段进行了分析,将我国铁路货物运输的发展阶段分为 1949—1970、1976—1990、1990—2005、和 2005 至今四个阶段[30]。

由上述研究可以看出,目前基于本体特征对于铁路货运发展演化规律特征的研究普遍还只是关注于各分析指标的表象,如铁路营业里程、货运量和货物周转量、市场占有率、运营模式等,并没有从铁路货运发展演化机理的角度进行分析,而且对规律特征只是一般性描述,所以对本书研究的贡献不大。

杨柳文（2012）将铁路重载运输、铁路集装箱运输和铁路快运作为主要研究对象，来研究铁路货运系统的协同演化，并运用协同学的理论和方法，从三者供需协同的角度建立了基于序参量的铁路货运系统协同演化模型。通过数例分析仿真模拟铁路货运系统在不同协同系数下的演化特征[31]。

Feng（2013）等通过阐释铁路货运系统协同性质，针对铁路货运系统的复杂性，选取铁路固定资产投资、GDP、铁路营业里程等 13 个参数作为铁路货运系统的状态变量，建立基于协同学理论的铁路货运系统序参量模型。通过对所求出的序参量进行势函数分析，探讨铁路货运系统的演化过程[32]。上述研究给本书提供了一个非常好的参考角度，即运用系统论确定铁路货运发展演化的序参量，并将该序参量作为研究对象展开研究，能够真实全面地体现铁路货运发展演化的规律特征。

3. 国内铁路运输演化特征研究综述

鉴于目前对铁路货运演化特征研究文献极少的情况，由于铁路货运是铁路运输的重要组成部分，铁路运输演化的相关研究成果对于铁路货物运输演化的研究应是具有借鉴性的。所以本文进一步对铁路运输演化的相关文献进行研究。和西方国家铁路网的衰退不同，近年来中国铁路运输网络呈现快速发展的趋势，大量新线和旧线改造项目投入规划和建设，铁路运输网络的不断改善和提高，引起很多学者特别是交通运输地理学界对铁路运输网络的演化进行研究，从而划分出铁路运输演化的阶段和特征。

金凤君（2004）等"以最短路模型"为基础，设计了度量运输网络通达性的指标，分析了 100 年来中国铁路运输网络空间格局的变化。结果显示：中国铁路运输网络的演化经历了起步（1911 年以前）、筑网（1911—1949）、延伸（1950—1990）、优化（1991 至今）4 个阶段，但空间扩展的速度相对缓慢，"空间收敛"效果显著[33]。

杨秋宝（2010）以枢纽型城市作为研究对象，对铁路网络系统与城市化发展之间的关系建立一般描述模型，将枢纽型铁路网络形态的演化分为三大阶段和 6 种序列状态，第一阶段：线路引进阶段：铁路引导促进城市发展；第二阶段：网络发育阶段：铁路促进与阻碍城市发展并存；第三阶段：网络完善阶段：铁路与城市协调发展[34]。

Wang（2012）等以铁路融资结构和层次为角度，对 2000—2009 中国和印度的铁路运输财务指标进行了分析，从而得出中国铁路运输网络建设正在从单一的政府投入阶段逐渐向多渠道融资模式进行演化[35]。

Yang（2013）等提出了铁路线路空间可达性分级模型，用于确定线路在铁路网中的作用并划分线路等级，并采用可达性分级模型对中国东北铁路网进行了实例研究，将东北铁路网分别按 2010 年、2015 年和 2020 年的铁路演化划分为三个等级[36]。

嵇昊威（2014）选取 2004 年铁路第五次大提速，2007 年铁路第六次大提速和 2011 年高速铁路网络初步形成三个时间阶段运用最短空间距离、最短时间距离、连接性和可达性系数，对我国煤炭铁路运输网络的空间可达性演变特征进行分析[37]。

Wang（2014）等分析了大约一个世纪（1906—2000 年）中国的铁路网络，经过对中国铁路发展中发生的重大事件和政策进行分析，将中国铁路的发展划分成四个主要时期：初步建设期、网络骨架形成期、走廊建设期和网络加深期，并对不同时期时间点的空间可达性进行了分析[38]。

从上述研究可以看出，目前对于铁路运输演化特征的研究，多以整体空间的角度来进行铁路运输网络空间可达性的分析，而对区域空间的分布特征研究不足。同时，对于铁路运输演化阶段的划分，大多都是以主要事件点进行划分来进行演化特征的描述，但是铁路运输演化的速度和重大事件的影响是存在滞后效应的，因此仅以重大事件作为时间点的确定缺乏理论基础。

1.2.3   生命周期理论研究综述

生命周期（Life Cycle）的应用很广泛，其基本含义可以通俗地理解为"从摇篮到坟墓"（Cradle-to-Grave）的整个过程，有广义和狭义之分。狭义是指本义（生命科学术语），即生物体从出生、成长、成熟、衰退到死亡的全部过程；广义是本义的延伸和发展，泛指自然界和人类社会各种客观事物的阶段性变化及其规律[39]。

生命周期一般模型形式如图 1-5 所示。在成熟期前，几乎所有的研究对象都有类似 S 形生长曲线的规律，引入期在 t_1 处结束，成长期在 t_2 处结束，而在成熟后期 t_3 处则分为三种类型：第一种类型是研究对象较快进入衰退期，如图 1-5 中（1）所示；第二种类型是研究对象继续处于成熟期，如图 1-5 中

（2）所示；第三种类型是由于技术创新或开拓了新的市场，从而带动研究对象快速发展，进入新一轮的生长期，如图 1-5 中（3）所示。

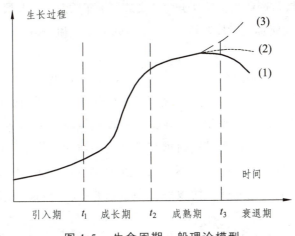

图 1-5　生命周期一般理论模型

目前国外基于生命周期理论，产生了许多相关的理论和研究方法，如家庭生命周期理论、产品生命周期理论、企业生命周期理论、产业生命周期理论和生命周期消费理论等，研究的方法主要包括 A-U 及相关模型[40,41]、G-K 及相关模型[42-44]、生命周期理论评价法（Life cycle Assessment.LCA）[45]和生长曲线模型（Growth Curve Modelin. GCM）[46]。这些理论和方法在实际运用中都得到了很好的效果。

近年来在运输领域，国内学者运用上述生命周期理论研究方法在研究各种交通运输的演化规律和特征中逐渐兴起。

崔婷（2009）等从产业生命周期理论出发，对民航运输产业不同发展阶段的特征进行了多角度分析，最后从产业生命周期角度提出了民航运输产业竞争力的演化路径[47]。

尹从峰（2011）基于生命周期理论思想对铁路客运站设计的适应性进行了分析，他指出铁路客运站的演化是呈现阶段性的对环境变化作出的适应性探索，并由此对城市功能、交通空间文化和新能源的生命周期阶段的适应性实际进行了研究[48]。

李雪梅（2011）等根据产业生命周期理论，绘制出铁路产业长期理想发展曲线，并运用主成分分析法，将 1949—2009 年我国铁路产业指标进行主成分分析，得到铁路产业发展综合效用水平曲线，曲线对比后结合产业发展实证总结出我国铁路产业发展的阶段为：铁路产业再创业期（1949—1966 年），铁路产业成长期（1966—1997 年），铁路产业跃迁新一轮生命周期（1997 至今），其中又将铁路产业成长期划分为"文革"十年铁路渐进阶段（1966—1976 年），改革开放铁路加速发展阶段（1976—1990 年）和铁路调整阶段（1990—1997 年）[49]。

段丽丽（2012）通过建立一维指标的 Logistic 模型，模拟和预测物流产业集群的发展状态，并运用实证计算模型中的参数，判断钢铁物流产业集群的生长阶段，从而提出钢铁物流产业集群的发展策略[50]。

过秀成（2013）等针对城市轨道交通网络的演变，构建轨道交通网络演变的系统动力学模型，并分析了不同城市发展阶段轨道交通网络的核心驱动力及作用机理，同时运用演变阶段特征和生长曲线模型对轨道交通网络进行了生命周期的判定[51]。

王宇（2014）等运用生长曲线模型对中国铁路网演化的生命周期进行判定，经过多曲线模型的比对，根据拟合度最大原则，最后将中国铁路网的演化曲线逐渐划分成为 4 个生命周期，每一个生命周期都遵循着典型的生命曲线生长特征。目前中国铁路网正处于第四生命周期中的成长期[52]。

王君（2015）运用 Gompertz 曲线模型和修正 S 曲线模型，对中国物流产业的整体规模进行了演化阶段的阶段规律分析，并根据参数特征的对比，得出中国物流产业处于产业生命周期的第一阶段向第二阶段的过渡期，并且利用 Gompertz 曲线模型预测出了未来中国物流产业的平均增长率[53]。

由此可见，生命周期理论在对于运输领域中演化规律特征的研究方面达到了很好的效果，因此，在国内外对铁路货运发展演化规律特征研究理论匮乏的情况下，坚定了本书运用生命周期理论对铁路货运发展演化进行规律特征研究的信心。

1.2.4 运输区域空间划分研究综述

区域划分是对已经客观存在的空间地理单元按照事先设定的目的和原则进行的类别划分，英文中的区域划分一般使用"regional division"一词[54]。从目前我国铁路运输规划的层次来看，在国家规划层面和省级行政区划规划层面间缺乏区域层面，区域层次空间范围的模糊性造成大量的重复规划和盲目建设[55]。运输区域的划分不仅是对国家和地方运输发展规划的有效衔接，同时也对于合理界定运输区域定位、功能及发展方向提供了前提条件[56]。长期以来，关于区域划分的绝对标准，无论是国内和国外都尚未形成一致，这是由于研究者的学科背景差异，并且不同的区域划分有其自身的特点属性，所以各个学者从自身的研究领域出发，从不同的角度对区域进行划分，因而就出现了许多区域分类与划分的方法[57]。从运输区域空间划分来看，主要集中为行政区域和运输经济区域划分。行政区域划分主要把铁路行政区域的演化过程和目前对于铁路行政管理的需求作为主要分析因素，通过历史的演变和现代行政的需求为主导因素进行区域划分，而运输经济区域划分则是把各区域的运输经济属性作为主导因素来进行考虑。

1. 运输行政区域划分研究综述

从行政的角度来看，目前我国铁路运输区域主要是以铁路局（公司）的管辖范围进行划分。目前全路共有铁路局（公司）（18 个），分别是：哈尔滨铁路局、沈阳铁路局、北京铁路局、太原铁路局、呼和浩特铁路局、郑州铁路局、武汉铁路局、西安铁路局、济南铁路局、上海铁路局、南昌铁路局、广州铁路（集团）公司、南宁铁路局、成都铁路局、昆明铁路局、兰州铁路局、乌鲁木齐铁路局、青藏铁路公司[58]。各铁路局（公司）和各省级行政区的空间关系如表 1-1 所示。

表 1-1　各铁路局（公司）和各省级行政区的空间关系

序号	铁路局（公司）	省级行政区	序号	铁路局（公司）	省级行政区
1	哈尔滨铁路局	内蒙古，黑龙江	10	南宁铁路局	广西，粤西
2	沈阳铁路局	辽宁，吉林，内蒙古，黑龙江，河北	11	武汉铁路局	湖北，河南
3	北京铁路局	北京，河北，天津，山东，河南，山西	12	郑州铁路局	河南，山西
4	呼和浩特铁路局	内蒙古中西部	13	成都铁路局	四川，重庆，贵州，云南，湖北
5	太原铁路局	山西	14	昆明铁路局	云南，四川，贵州
6	济南铁路局	山东	15	青藏铁路公司	西藏，青海
7	上海铁路局	上海，江苏，安徽，浙江	16	兰州铁路局	甘肃，宁夏，内蒙古
8	南昌铁路局	江西，福建，湖北，-湖南	17	乌鲁木齐铁路局	新疆，甘肃
9	广铁集团公司	广东，湖南，海南	18	西安铁路局	陕西，四川

注：各铁路局内如有省级行政单元重复表示该省区域空间被多个铁路局管辖。

2013 年 3 月 14 日，原铁道部进行机构改革和职能转变以后，新成立的国家铁路局下设七大区域铁路监管局，各区域铁路监管局的监管范围具体为：沈阳监管局负责哈尔滨和沈阳铁路局；上海监管局负责济南、南昌、上海铁路局；西安监管局负责太原、呼和浩特、西安铁路局；武汉监管局负责郑州、武汉铁路局；广州监管局负责广铁（集团）公司和南宁铁路局；成都监管局负责成都、昆明铁路局；兰州监管局负责兰州、乌鲁木齐铁路局和青藏铁路公司[59]。

2. 运输经济区域划分研究综述

从理论研究的角度来看，由于运输区域的划分属于运输经济学领域，所以经常以经济区域来作为进行运输区域研究时空间范围的界定[60]。

国外学术界对于经济区域的划分主要是以布代维尔（Boulderville）、克拉森（Klaassen）、汉森（Hansen）和 A·и·契斯托巴耶夫等经济地理学家的经济区域理论为基础[61-64]发展而来的。欧美政府部门多以区位论作为理论依据，开展经济区域划分的研究[65]。美国经济分析局（Bureau of Economic Analysis. United States.）平均每三年就会对各州的人口数量、个人收入、就业、生产总值等经济指标进行统计分析，并对经济指标数据进行分析，进行区域划分研究，从而形成 4 级 9 区域的美国经济区域划分[66]。日本学者木内信藏提出了"三地带学说"，并提出了大城市圈层的演化思想，其思想进而被发展为"都市圈"理念，并成为日本及许多西方国家重要经济区域的划分模式[67]。近年来越来越多的学者以课题的研究目的入手，选择经济因素集中的单因素作为标准确定区域的划分，如以人口流动趋势作为区域划分标准[68]，或以工业产值作为区域划分标准等[69]。

国内在进行运输区域划分时也常依托于经济区域，如经济带、经济区、都市圈等[70]。但是目前国内对于经济区域的划分没有一个共识，张子珍（2010）对新中国成立以来我国经济区域的划分研究进行综述分析表明，新中国成立以来我国学者和政府部门对于经济区域的划分方式多达 20 余种，每一种方式都具有时代性，反映了我国由计划经济向市场经济、由定性划分向定量划分的转变历程[71]。

以上对于经济区域划分的方法和结果是基于从不同角度、不同需要和不同标准来满足社会经济需求而进行的，仅体现了运输的支撑功能，而忽略了运输的本体特征。大量的国内外的研究表明，由于交通基础设施建设，运输区域和经济区域的空间比对是具有溢出效应的[72, 73]，基于经济的运输区域划分势必影响全国及区域的运输规划制定与实施，因此国内学者近几年开始针对运输经济区域空间的划分进行研究。

管楚度（2000）根据交通区位线的类型和自然条件，将政治和经济中心作为主要节点，按照节点的层次等级，在全国区域内提出两类交通区位线的区划草案[24]。

张文尝（2002）等从交通地理的角度出发，依据各行政区交通地理特征和经济联系的相似性，结合区际运输通道布局现状与发展，将全国划分为五大运输经济区[74]。

王建伟（2004）[55]、袁长伟（2006）[75]等以运输经济区域作为研究对象，应用主成分分析法和多元聚类分析法，基于省级行政单元，对我国运输经济区域进行划分，划分形成了七大运输区域。

赵凤彩（2008）等根据我国航空运输自身的经济和规律特征，运用断裂点模型和中心城市的辐射范围，划分出了八大民航运输经济区域[76]。

刘滨（2009）阐述了运输经济区域的划分背景和理论，并提出了运输经济区域的划分原则和划分技术路线[77]。

帅斌（2013）等以省级行政区域为单位，运用主成分分析法对全国 31个省市的区域经济水平和铁路运输发展水平进行了分析，并运用耦合度模型将我国的运输区域分为提升区域、重点区域和发展区域三种类型[78]。

此外，还有一些学者从经营管理的角度对我国铁路区域公司的划分进行了研究，赵坚（2012）等提出了三大区域铁路公司重组思想[79]。孙有霞（2014）基于多属性决策模型和灰色综合评价法提出了七大区域运输公司划分方案[80]。

3. 分析结论

（1）目前我国铁路行政区域的划分，主要是铁路局（公司）的划分形式，造成主要铁路干线被大量分割，人为地制造了许多分界口和限制口，产生了大量的跨局交接作业。而目前 70%的铁路货运任务都是跨局完成的，各铁路局在很大程度上无法为货主提供相对完整的服务。因此认清我国铁路货运发展演化的空间分布特征，是提高我国铁路货运效率和服务质量的重要前提之一，也是铁路货运发展演化机理研究的主要组成部分。

（2）目前铁路货运区域划分的理论研究极其匮乏，但是也可以通过对运输区域划分的理论研究来寻求本书的研究空间。① 基于运输和经济的高度关联，目前对于运输区域的划分一般都是以经济区域为划分基础，但由于经济区域划分类型的多样性、运输本体特征的忽视以及运输区域相对于经济区域的溢出效应，使得基于经济区域的运输区域空间界定在实际运作中并不适合。② 目前对于运输经济区域空间划分的研究，通常以各空间单元自身的属性数据作为划分依据，而对单元之间空间依赖关系考虑不周，没有从单元的空间分布、空间相互作用关系等因素上来表达空间单元的区域分布特性。所以本书应从铁路货运的本体特征和空间单元相互作用的角度入手，对铁路货运区域空间划分的理论及方法进行研究。

1.2.5 铁路货运演化机制研究综述

Bennathan（1992）选取了包括中国在内的 19 个发达国家和发展中国家，从经济影响的角度，对不同国家在不同时间段内铁路货运需求的影响机制进行了实证分析，指出经济的结构变化对于铁路货物运输需求的影响远远超过对公路的影响，由于国情的不同，使得不同国家即使在同一经济发展阶段，呈现出的铁路货运需求的情况也不同，影响铁路货物运输发展的机制也各不相同，因此应根据各国的实际特点，对铁路货物运输的发展进行机制研究[81]。因此，本书主要对国内铁路货运输发展机制研究文献进行分析。

1. 铁路货运演化机制研究综述

近年来，针对我国铁路货运在发展中出现的问题，大量铁路工作者和科研学者都纷纷提出了铁路货运在发展过程中应该考虑的相关机制，本书对相关的文献进行分析和汇总，主要归为 9 类，如表 1-2 所示。

表 1-2　铁路货运发展机制研究的相关文献

序号	影响机制	文献来源
1	管理机制	陈兰华（2005）[82]李世斌（2005）[83]姜琪（2013）[84]陈学东（2011）等[85]
2	体制机制	陆景（2013）[86]
3	经营机制	李世斌（2005）[83]姜琪（2013）[84]肖德贵（2011）[87]陈学东（2011）等[85]

序号	影响机制	文献来源
4	营销机制	韩彧（2000）[88]武讯（2009）[89]赵俊岚（2009）[90]陈学东（2011）等[85]
5	价格机制	孙春芳（2013）[91]方学（2015）[92]李文兴（2015）[93]
6	投融资机制	芦建振（2013）[94]
7	竞争机制	李彬华（2010）[95]
8	人才机制	李博（2009）等[96]
9	激励机制	李祥奎（2005）[97]

还有一些研究总结出了影响铁路货物运输发展的各种影响因素，这些因素也符合机制的特点。

严季（2003）等，王亮（2007）分别并从产业结构分析的角度出发，运用灰色关联分析法，对三产业的指标数据进行定量了分析，描述了产业结构的变化对铁路货运量发展的影响，从而为铁路货运发展的政策提供参考依据[26,98]。

苏帆（2005）在确定我国铁路货运量发展影响因素的基础上，运用灰色关联分析方法，对影响因素进行了系统分析，分析得出，在1989—2002年间，推动我国铁路货运量发展的因素的关联度排序依次是人口数量、国家财政总收入、居民消费水平、GDP和固定资产投资[99]。

唐国玺（2007）在对我国货运需求进行特征分析的基础上，论述了我国货运需求生成的四个主要影响因素，分别是自然资源和生产力布局不均衡、经济发展水平与工业化进程、交通基础设施建设力度和信息化程度[100]。

张蕾（2010）从空间相互作用的原理出发，运用空间运输联系理论，归纳出了影响泛长三角地区铁路货运空间演化的三大影响机制，分别是区域分工和产业转移、综合交通基础设施和能源供给格局三个方面[101]。

安迪（2014）结合近年我国主要经济发展趋势，把影响铁路货运量的因素分为外部因素和内部因素，其中外部因素包括宏观经济、居民生活水平及进出口贸易，电力行业及发电形式，煤炭、钢铁行业影响，金属矿石行业影响等因素，内部因素包括铁路路网、铁路运输装备水平、体制改革、铁路运能、运价等因素[102]。

2. 运输演化机制研究综述

许庆斌（1995）等在《运输经济学》一书中认为运输需求是运输供给的依据，是货运发展演化的原动力。而货运需求产生的来源有三点：一是自然资源地区分布和生产力布局的不均衡；二是生产力与消费群体的分离；三是地区间商品品种、质量、性能、价格上的差异。经济社会要向前发展，人民生活水平要提高，就需要改变上述状况，由此产生运输需求，正是经济社会不断发展产生的巨大运输需求推动了货物运输业的向前发展[103]。

王琳（2005）在对铁路客运网络演化的机制研究中认为，铁路客运线路网络增长和演变机制与铁路客运需求网络的关系十分密切，其实际变化过程也受到政策和技术条件的影响。也就是说，铁路客运线路网络的演化现象及空间分布是由铁路客运需求的内在本质规律所推动[104]。

唐建桥（2007）在对区域运输结构优化的研究中，从运输结构的供需特征出发，得出影响运输结构演变的因素主要包括三类：能动变量包括经济发展战略和运输政策；状态变量包括资源结构和自然地理；本质变量为运输固定资产结构、技术经济特征和交通科技进步。其中本质变量决定着运输结构的有序演变[105]。

冯余（2009）从货物运输市场的需求和供给的机理研究出发，从自然因素、国民经济规模与发展水平、产业结构、政治经济体制与政策、人口和货运需求的阻抗等六方面作为主要因素，建立运输需求函数，同时把经济因素、政治因素、科学技术因素、市场价格因素作为影响运输供给的主要因素，建立运输供给的线性回归模型，并以我国货物运输市场为例进行了供需实证分析[106]。

马俊（2011）认为交通网络演进的内在机制包括交通网络与市场范围的扩张、分工深化、规模经济与运输需求的变化趋势，产品、资源和网络经济三个方面。并对美国和中国交通运输网络的演进机制进行了详细的阐述[11]。

陈卫（2012）认为技术和制度共同形塑了产业的演化。在航空运输业的演化过程中，需求是产业演化的基础，技术创新是产业演化的推动力，而制度则为产业演化提供了内生机制和外部压力[107]。

于宛抒（2013）认为影响海洋交通运输业演化变迁的因素可以从内外两方面来考虑，外部因素应考虑该产业与其他产业的关联、政策的变迁、宏观经济变化、海洋灾难和事故几个方面；内在动因应考虑产业发展的内部要素，包括：技术水平、基础设施建设和从业人员、客运、货运情况五个方面。并将新中国成立后的海洋交通运输产业划分为三个阶段，分别探讨各个阶段该产业演化的内、外在动力机制[108]。

3. 分析结论

通过对铁路货运演化机制的文献研究进行综合分析，可以得出以下结论：

（1）从铁路货运发展机制的研究中可以看出，机制研究主要是侧重于对铁路货运内部运作的研究，而影响因素研究则多是偏重于对铁路货运的外部影响研究，两者对于铁路货运的发展都有着很大的影响。但是对于机制或者影响因素的划分并没有一个统一的标准，容易造成概念的混淆。同时在实际分析过程中，只是把货运收入、货运量和货物周转量等分析指标作为影响机制的运作对象，并没有将铁路货运作为一个整体来考虑。前文已述及，铁路货运系统是铁路货物运输各要素的组成，因此，将铁路货物运输作为一个系统来进行衡量可以解决各项机制和影响因素研究对象片面的问题。但还有一个更棘手的问题，就是如何能够建立一个能够全面衡量铁路货运发展演化的合理的运作机制，这需要找出一种合理的机制划分理论。

（2）从不同运输领域的影响机制研究中可以看出，在机制研究中不约而同地都运用了一个相同的理论，那就是运输需求供给理论，这为本书对于铁路货运发展演化影响机制运作结构体系的构建提供了一个很重要的启示。并且从机制的概念解释可以得出，机制的划分有不同的标准，主要分为从机制运作形式和从机制功能来进行划分两种角度[109]。从铁路货运发展演化机制的功能来看，主要的功能就是使铁路货运良性演化，换句话说，就是使铁路货运提供的供给能力满足不同时期国民经济发展的运输需求。所以从运输需求供给的角度来建立铁路货运发展演化机制运作体系是可行的。

1.2.6　研究空间的演绎推理

所谓演绎推理，就是从一般性的前提出发，通过推导即"演绎"，得出具体陈述或个别结论的过程。演绎推理是严格的逻辑推理，一般表现为大前提、小前提、结论的三段论模式，即从两个反映客观世界对象的联系和关系的判断中得出新的判断的推理形式。如："自然界一切物质都是可分的，基本粒子是自然界的物质，因此，基本粒子是可分的。"演绎推理的基本要求有：一是大、小前提的判断必须是真实的；二是推理过程必须符合正确的逻辑形式和规则。演绎推理的正确与否首先取决于大前提的正确与否，如果大前提错了，结论自然不会正确。将演绎推理运用到本书通过研究文献的分析得到研究空间的过程中，简单描述则表现为：

（1）从运输演化理论相关文献分析得到的运输演化特征演绎推理来看，各种运输方式在演化过程中都呈现出生命周期的规律特征，铁路货运作为运输方式的一种，其发展演化也应呈现出生命周期的规律和特征。

（2）从运输区域空间划分相关文献分析结论的演绎推理来看，一是由于行政和经济区域不适合运输区域的划分，铁路货运区域属于运输区域，因此，行政和经济区域不适合铁路货运区域的划分；二是目前运输区域划分大多忽视了运输的主体特征，并且对各空间单元之间的依赖关系考虑不周。因此，应该从本体论和空间单元相互作用的角度对铁路货运区域空间划分进行研究。

（3）从铁路货运发展演化机制相关文献分析结论的演绎推理来看，运输领域中研究演化的机制普遍都运用运输需求和供给理论，铁路货运研究属于运输领域的研究，因此，铁路货运发展演化影响机制运作结构体系也应采用运输需求和供给理论来建立。

根据演绎推理的逻辑关系，最终得到本书的研究空间为：

（1）运用生命周期理论对铁路货运发展演化特征规律进行研究，从而得到铁路货运发展演化的生命周期特征。

（2）从铁路货运的本体特征和空间单元相互作用的角度入手对铁路货运区域空间划分的理论方法进行研究，从而得到铁路货运发展演化的区域空间特征。

（3）从运输需求和供给理论入手建立铁路货运发展演化影响机制运作结构体系，并对各机制的运作理论方法进行研究，从而建立一个系统性、实用性的铁路货运发展演化影响机制运作体系。

研究空间的演绎推理过程如图 1-8 所示。研究空间中各部分内容的具体研究中还需进行大量的文献查阅和分析，本书将在下面各章中结合研究的实际情况对参考文献进行进一步扩充。

1.3 研究目的

本书的研究目的在于：结合我国实际，系统地对我国铁路货运发展演化机理进行理论分析和实践研究。通过判定铁路货运发展演化生命周期规律特征，探索铁路货运发展演化区域空间特征分析方法，建立铁路货运发展演化影响机制运作体系，达成充分认识我国铁路货运发展演化的时空规律，探索符合我国国情的铁路货运发展演化策略，从而为解决社会经济发展对货物运输需求的快变性与铁路货运系统供给慢变性这两种背反特征间的均衡难题提供有效途径，推进铁路货运的可持续发展。

1.4 研究意义

1.4.1 理论意义

1. 为运输演化规律特征的研究提供基于生命周期理论的新视角

目前对于运输演化规律特征的研究大多是结合重大事件的时间点来进行阶段划分，进而总结出运输演化的规律特征，但是重大事件对于铁路运输演化阶段的影响是存在滞后效应的。运用生命周期理论对铁路货运发展演化的规律特征进行研究，不仅能够准确刻画出铁路货运发展演化的周期，还能够判定出各周期内不同阶段铁路货运发展演化的规律特征及发展趋势，为运输演化规律特征的研究提供一个新视角。

2. 为运输区域空间的划分提供基于空间运输联系引导的新支撑

目前对于运输区域空间划分的研究一方面依托于行政区域或经济区域，仅体现了运输的适应支撑功能，而忽略了运输的引导作用；另一方面仅以空间单元个体属性的相似程度作为划分标准，而对各空间单元间的空间依赖关系考虑不周。运用空间单元融合算法对铁路货运区域空间进行划分，能够综合考虑各空间单元间运输联系的引导作用，为运输区域空间的划分提供了新支撑。

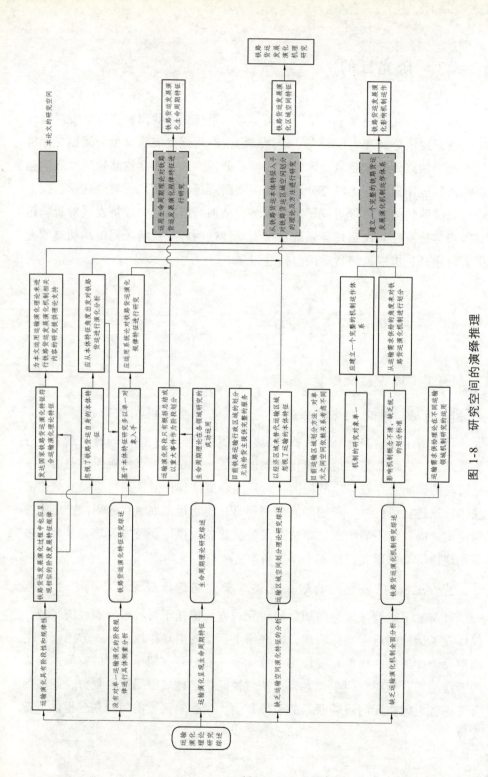

图 1-8　研究空间的演绎推理

024

3．为运输演化机制的研究提供基于机制运作体系的新标准

目前对于运输演化机制的研究中对机制划分没有统一标准，使得在研究中对于运输发展演化策略的制定缺乏科学性和全面性。通过对铁路货运发展演化影响机制体系结构的构建和各影响机制的运作影响分析研究，构建出较为完善的铁路货运发展演化影响机制运作体系，能够为运输演化影响机制的研究提供一个新标准。

1.4.2　现实意义

1．为明确我国铁路货运发展规律特征提供科学依据。

虽然世界各国铁路货运发展的轨迹具有相似性，但由于时代的发展、技术的进步和内外部环境的变化，不同国家铁路货运发展的规律特征存在差异。对我国铁路货运发展演化的生命周期特征进行分析，能够准确刻画出我国铁路货运发展演化的规律特征，有利于科学合理地做出符合我国国情的铁路货运发展的计划安排。

2．为统一我国铁路货运发展的认识具有重要意义

近年来，随着公路和水运在我国货运市场份额中所占的比例越来越大，铁路货运的地位和作用受到了质疑。对我国铁路货运发展演化的规律特征进行分析，可以更加明确目前我国铁路货运在货物运输中的地位和作用，从而统一我国铁路货运发展的认识，坚定走适合我国国情的发展之路。

3．对我国铁路货运规划层次的划分提供区域空间支撑

目前从我国铁路货运规划的层次来看，在国家规划层面和省级行政区划规划层面间缺乏区域层面，区域层次空间范围的模糊性造成大量的重复规划和盲目建设。铁路货运区域空间的划分，完善了我国铁路货物运输规划的层次，为铁路货运区域规划和建设提供了空间支撑。

4．对我国铁路货运发展策略的制定具有参考价值

我国铁路货运发展策略的制定要具有前瞻性，不能盲目照搬他国经验，要与我国社会经济的发展阶段相适应，要与时俱进，走本国特色的发展之路。铁路货运发展演化影响机制运作体系的构建，可以全面地把握我国铁路货运发展演化的方向，为科学制定铁路货运发展策略提供参考，从而避免铁路货

运发展策略制定的滞后性和盲目性。

1.5　研究内容

结合我国铁路货运发展演化的实际，本书的研究内容主要包括以下五个部分：

第一部分为文献综述和研究方案的概述，是全书的指导思想和理论基础。

第二部分是铁路货运发展演化机理的阐释，在生物进化论和铁路货运演化之间建立隐喻关系，对铁路货运演化及演化机理的概念进行阐释；基于工程演化论对铁路货运发展演化机理的研究范围进行阐释；基于系统论对铁路货运系统的概念及序参量进行阐释；基于运输需求和供给理论，对铁路货运发展演化影响机制运作体系结构模型进行阐释。这部分是全书研究的出发点。

第三部分是铁路货运发展演化的生命周期特征分析，在对铁路货运发展演化研究曲线进行生长特征分析的基础上，构建铁路货运发展演化生命周期特征分析模型，并运用该模型对我国铁路货运发展演化的规律特征进行实践分析，得到我国铁路货运发展演化过程中的周期性变化和各周期内阶段生长规律。这部分主要是基于时间尺度对铁路货运发展演化的内部机理进行研究的。

第四部分是铁路货运发展演化的区域空间特征分析，从空间位置邻近性和运输联系相关性的角度构建铁路货运区域空间划分方法，应用该方法对我国铁路货运的区域空间进行实践研究，进而对各区域空间的运输联系、货流特点和演化趋势进行分析，从而得到我国货运各区域演化的功能定位及发展方向。这部分主要是基于空间尺度对铁路货运发展演化的内部机理进行研究的。

第五部分是铁路货运发展演化的影响机制分析，在前文所建立的铁路货运发展演化影响机制运作体系结构模型的基础上，运用该模型中的结构关系，从动因机制和运作机制两个方面分别对动力机制、支撑机制、评价机制和调整机制进行理论研究和实践分析，并构建相应的理论实践分析框架，从而得到我国铁路货运的宏观发展导向、投入调整建议、现状评价指导和发展策略调整。这部分主要是从铁路货运发展演化的外部机理进行研究的。

第六部分是结论，主要对书中的创新点和需进一步研究的问题进行归纳和展望。

通过在这些方面进行研究，本书拟解决以下几个关键问题：

（1）铁路货运发展演化机理研究应从哪几个方面入手？

（2）铁路货运发展演化的规律特征分析应采用何种理论和方法？

（3）铁路货运发展演化的区域空间特征分析应采用何种理论和方法？

（4）铁路货运发展演化影响机制运作体系结构应如何建立？

（5）铁路货运发展演化各影响机制的运作应采用何种理论和方法？

（6）如何应用上述各项研究理论成果对我国铁路货运发展演化机理进行实践分析，且取得的实际应用效果如何？

本书的研究结构如图 1-9 所示。

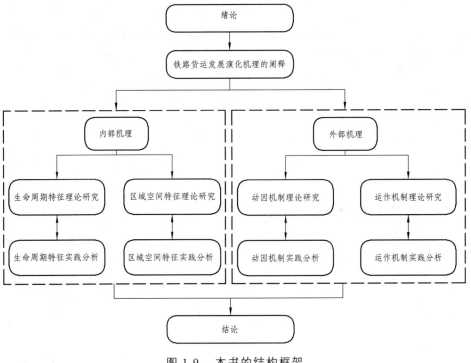

图 1-9　本书的结构框架

1.6　研究方法

本书的研究方法围绕对铁路货运发展演化机理研究进行展开。运用文献分析法和演绎法的基本思想，对本书的研究空间进行界定；运用隐喻法在生物进化和铁路货运发展演化之间建立隐喻关系，将生长曲线理论移植到铁路货运发展演化的规律特征分析中并进行理论创新，对铁路货运发展演化的生命周期特征进行理论研究和实践分析。运用可塑性面积单元问题、尺度空间融合理论、空间运输联系理论的基本思想提出铁路货运区域划分的理论方法，对我国铁路货运发展演化的区域空间特征进行理论研究和实践分析。运用运输需求和供给理论的基本思想，建立铁路货运发展演化影响机制运作体系结构模型；运用灰色系统理论、工业化阶段划分理论、运输演化理论、生产函数模型和实证分析法，对铁路货运发展演化各影响机制的运作进行理论研究和实践分析。在研究过程中对以往的研究成果进行参考和借鉴，将宏观分析和微观分析、定性分析和定量分析、横向比较和纵向比较结合起来，以提高本书研究成果的可操作性和实用性。

第2章　铁路货运发展演化机理的阐释

2.1　基于生物进化论的阐释

从学术缘起、进路和方法论角度看问题，铁路货运演化的概念最初缘起来自使用隐喻方法——以"生物进化"隐喻"铁路货运发展演化"[1]。在日常语言使用和科学研究方法论中，隐喻（metaphor）是一种常用的修辞方法。而当其作为一种"模型"方法和"思维影射"或"理论映射"关系而使用时，它则是一种重要的科学认知方法。从认知角度看问题，可以把隐喻看作是依据人类相似的经验而把"来源域"（source domain）的图式结构映射到"目标域"（target domain）的认知。莱柯夫和特纳认为，隐喻映射通常包括以下几个方面：（1）来源域图式结构中的各项占位（slots）映射到目标域；（2）来源域中各部分之间的关系映射到目标域；（3）来源域中各部分的特征映射到目标域；（4）来源域的知识映射到目标域[109]。

演化一词主要应用在生物学界，指各类生物族群的遗传性状在世代之间的变化[110]。铁路货运发展演化不仅指货运的一般变化，而且强调随时间的推进，铁路货运的结构和功能不断变化的动态过程。将演化概念作为来源域，将铁路货运发展演化作为目标域，在两者之间建立隐喻关系进行隐喻映射，则形成铁路货运发展演化概念的定义：铁路货运发展演化是指铁路货运为适应国民经济对于自身的运输需求而在时间推移中结构和功能不断进行连续性

---

① 目前中文对于"evolution"有"演化"和"进化"两种翻译且仍有争议。支持使用"演化"的学者认为，"演化"在字面上的意义比较中性，能表达连续与随机的意义；"进化"则带有"进步"的含意。而且由于汉语中"进"与"退"是代表相反意义的两个字，因此若使用"进化"，则在逻辑上不易将"退化"定义为进化的一种类型。对翻译的争论也表现了人们对进化论理解的变化，过去"进化"多表示生物朝适应环境的方向演化，而当前多认为生物的演化是随机的，并没有进步退步之分。本书根据铁路货运在发展演化中的随机特点，选用"演化"一词。

变化的动态过程。铁路货运发展演化概念的阐释如图 2-1 所示。

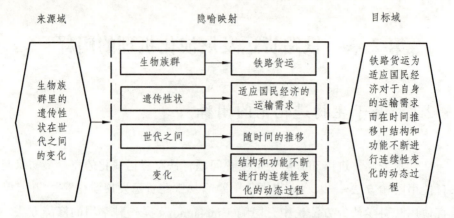

图 2-1　铁路货运发展演化概念的阐释

　　目前在对生物演化机理研究中，主要分为两个方面，一是生物演化的内部规则和原理，另一个则是外部协调生物运行的运作方式。将这种知识进行隐喻映射，则铁路货运发展演化机理的研究也应分为两个方面，一是内部机理，即铁路货运发展演化的时空规律特征；二是外部机理，即协调铁路货运发展演化以更好发挥其作用的运作方式。铁路货运发展演化机理的阐释如图 2-2 所示。

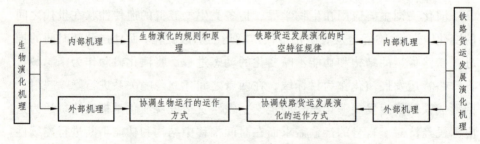

图 2-2　铁路货运发展演化机理概念的阐释

　　虽然从上述分析中可以看出铁路货运发展演化与生物演化之间具有一定的相似性，这为隐喻方法的使用提供了前提和基础。但是需要特别注意的是，在隐喻关系中，不但存在相似性关系而且存在差别性关系。在把隐喻作为一种模型方法而使用时，不但必须注意发现"来源域"和"目标域"的相似关系，更要揭示"来源域"和"目标域"的区别关系[109]。如果说在研究铁路货运发展演化的初期，发现生物进化和铁路货运发展演化的相似性可以起到重要的启发作用，从而促进铁路货运发展演化的研究，那么，当研究进一步深入发展的时候，清醒地认识到并且深入阐明"来源域"和"目标域"的区别所在，就要成为铁路货运发展演化研究深入发展的关键环节和内容了。如果不能具体、深入地阐明铁路货运发展演化独具的性质和特征，对于铁路货运演化的研究则仅仅是一个"生物进化论的影子理论"。只有成功地把对铁路货运演化的研究从"隐喻方法"提升到"理论创新"水平的时候，研究的结论才会具有针对性和实用性，否则它就仅仅是一个理论猜想和一个有启发的理论隐喻，停留在"影子理论"的状态和"理论胚胎"的水平上。

2.2 基于工程演化论的阐释

自从达尔文创立生物进化论以来，生物进化论（演化论）不仅作为一种"生物学理论"在生物学领域发挥作用和影响，而且作为一种隐喻的"来源域"被人们运用到众多研究领域，发挥了极其广泛的影响，其中的典型事例就是陆续出现了经济演化论（纳尔逊）、文化演化论（怀特）、知识演化论（波普尔、坎贝尔）乃至技术演化论（巴萨拉、齐曼等）。尽管上述这些关于演化论的研究各有成绩和特点，也各有自身的某些不足之处，但进化论产生的巨大社会影响、学术影响和哲学影响已经成为了一个不争的事实。近年来，在我国工程界、哲学界兴起了一个新的研究领域——工程演化论，2009 年 3 月，中国工程院立项研究工程演化论，该项目课题组汇聚了一批中国工程院院士、国内工程专家和工程哲学领域的知名学者，组成了工程界与哲学界的跨学科学术联盟，在互相启发、平等对话、深度交流的学术互动平台上开展了长期深入的多学科合作研究，取得了众多新成果。工程演化论的研究在工程哲学园地已崭露头角，逐渐进入众多学者的研究视野，并引起学术界广泛的关注[109]。

工程活动是人类有目的、有计划、有组织地利用各种资源和相关要素创造和构建新的存在物的实践活动。工程活动体现着自然界和人工界要素配置上的综合集成及其过程。工程作为一个人工系统在其历史发展过程中充满着演化的过程。工程演化论是一个内容丰富、领域众多、意义重大、前景广泛的研究领域。工程演化论中需要研究的问题很多，大体来看，其研究内容可以粗略分为两个大的部分：理论研究和实践研究部分[109]。

在工程演化的理论研究中，以下问题是应该着重加以关注的：（1）工程演化的基本过程、演化规律和发展方向；（2）工程演化的前提、动力、机制和约束条件；（3）工程的不同层次及其相互作用[109]。

在工程演化论的研究领域中，必须把"演化的一般理论研究"和"演化的实践研究"结合起来。工程演化论的"一般理论"必须有工程演化的实践为支撑，与此同时，工程演化的实践研究又需要有工程演化的一般理论做指导，二者是相互关联、相互渗透、相互促进的关系[109]。

由于铁路货运发展演化属于工程演化的研究范畴，因此工程演化论对于铁路货运发展演化机理研究的阐释在于确定了研究内容的思想来源，研究内容首先要注重铁路货运发展演化的理论研究，内容要着重于工程演化理论研究着重关注的三个方面；其次要将铁路货运发展演化的相关理论应用在具体的实践中，将理论研究和实践研究结合起来。

本书对于铁路货运发展演化机理的研究可以划分为两个大的部分：理论研究部分和实践分析部分。在铁路货运发展演化的理论研究中，根据工程演化论作关注的重点问题，从以下两个方面入手：一是从内部机理入手，研究铁路货运发展演化的时空规律特征；二是从外部机理入手，研究铁路货运发展演化各影响机制的具体运作方式。在这两方面研究中，必须把理论研究和实践分析结合起来，这是因为铁路货运发展演化机理的理论研究必须有实践分析为支撑；与此同时，铁路货运发展演化机理的实践分析又需要理论研究作指导，二者是相互关联、相互渗透、相互促进的关系。据此，得出了本书的研究范围，如图 2-3 所示，主要分为三个方面：一是铁路货运发展演化生命周期特征的理论研究及实践分析，二是铁路货运发展演化的区域空间特征的理论研究和实践分析，三是铁路货运发展演化影响机制的理论研究及实践分析。

2.3　基于系统论的阐释

1. 铁路货运系统的阐释

铁路的发展和演化历史表明，铁路演化是一个"系统演化"的过程。在这个系统演化的过程中，铁路系统的要素及功能都发生着巨大的变化，总而言之，发生了"全要素整体结构"的变化，这就是说，这里发生的确实是一个典型的"系统演化"的过程。而铁路货运系统作为铁路系统的重要组成部分，也应遵循着"系统演化"的规律。

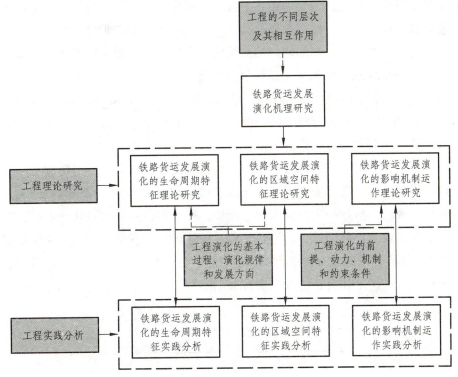

图 2-3　铁路货运发展演化机理研究范围的阐释

人们对系统的认识有一个发展过程。系统（system）一词最早出现在古希腊语中，有"共同"和"给的位置"的含义，即系统意味着事物的共性部分和每一事物在总体中给予它应占据的位置。长期以来，对系统的概念及其特征的描述尚无统一规范的定论，一般采用的定义是：系统是由相互联系、相互制约的若干组成部分（要素）构成的具有特定功能的有机整体[111]。在交通运输研究领域，系统被赋予了更进一步的含义。

赵建有（2004）将道路交通运输系统概念定义为：在一定的时间和空间里，由所需位移的人和物资、运输工具、运输基础设施、经营管理等有关人员和经营机构、信息、通信联系等若干相互制约、相互联系的动态要素构成的具有特定功能的有机整体[112]。

刘澜（2008）提出交通运输是一个复杂的巨系统，其系统组成主要包括运输需求、固定设施、流量实体和控制系统，并认为铁路运输系统是交通运输系统的二级子系统[113]。从这个角度来看，铁路货运系统应是铁路运输系统的二级子系统，同时又是交通运输系统的三级子系统，铁路货运系统运行的优劣，对于保证交通运输系统以及其他子系统的运作起着重要的作用。

杨柳文（2012）根据刘澜归纳的系统概念定义和交通运输系统的组成特征，将铁路货运系统概念定义归纳为：铁路货运系统是由铁路从业人员、路网固定基础设施、移动设备、运营管理、运输生产等组成要素通过相互作用、相互依赖，共同构成的有机整体。通过完成货物的空间位移来实现满足运输需求、货物增值和服务社会的功能[31]。

本书借鉴赵建有和刘澜对于不同运输系统概念的定义，并对杨柳文给出的铁路货运系统概念的定义加以补充，最后得到铁路货运系统概念的定义为：铁路货运系统是指在一定的时间和空间里，由所需位移的铁路从业人员、路网固定基础设施，移动设备、经营管理及运输生产等若干相互制约、相互联系的动态要素构成的具有特定功能的有机整体，其功能是通过提供铁路货物运输供给能力来满足社会经济的运输需求。铁路货运系统的结构如图 2-4 所示。

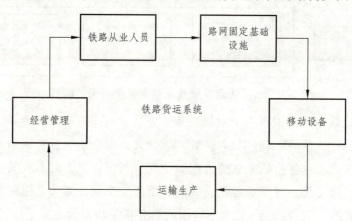

图 2-4　铁路货运系统结构图

2. 铁路货物运输发展演化主参数的阐释

从对生物进化论的研究可以发现，无论研究的形式有何不同，这些研究都是在对研究对象的功能或属性定义为一系列参数的前提下来描述研究对象的演化特点。所以在对我国铁路货运演化机理进行研究时，首先要解决的问题就是确定能够直接支配铁路货运在演化过程中速度和进程的系统参数。而铁路货运系统是由不同的组成要素构成的，每一个组成要素又可以由不同的指标参数所衡量。通过对铁路货运系统的阐释可知，铁路货运系统是由铁路从业人员、路网固定基础设施、移动设备、经营管理及运输生产五大要素构成。铁路从业人员的运输组织水平属于铁路运输的软件能力，铁路工作人员的组织水平由工作人员的受教育程度、技能水平以及运输组织方法等因素决定，所以采用铁路从业人员的总人数作为指标参数；路网固定基础设施包括路网、车站及信号等设备，其中路网的数量和质量是决定铁路货物运输的重要因素，所以采用铁路营业里程和铁路电气化里程作为指标参数；移动设备的核心是载运工具，包括机车和货车车辆，是货物运输的动力和载体，所以采用机车数和货车车辆作为指标参数；经营管理的质量可以通过运营绩效来反映，运输生产主要是指各项设备和运用管理的实施，管理与生产两者关系紧密，所以采用铁路货运量、铁路货物周转量及铁路货运收入作为运营管理与运输生产的指标参数[31]。铁路货运系统要素及对应的指标参数如表 2-1 所示。

表 2-1　铁路货运系统要素及对应的指标参数

铁路货运系统要素	铁路货运系统要素对应的指标参数
铁路从业人员	铁路从业人员总人数
路网固定基础设施	铁路营业里程铁路电气化里程
移动设备	机车数、货车车辆数
经营管理	铁路货运量、铁路货物周转量、铁路货运收入
运输生产	

　　而在用统计方法研究多参数问题时，参数太多会增加计算量和增加分析问题的复杂性，所以研究人员希望在对系统进行定量分析的过程中，通过对数据的处理使涉及的参数较少，得到的信息量较多。针对这种情况，传统的方法经常采用的是主成分分析法、因子分析法、聚类分析法等，虽然这些方法在实际应用中的提取主参数的方法不同，但是总的基本思想都是针对有多个参数在共同影响研究对象的情况下，利用降维的思想，把多参数转化为少数几个主参数，来对研究的系统进行各种影响分析，从而达到简化系统结构的目的。由于其计算简单，并且得到的结果基本能够把握研究对象的重点，

所以在针对铁路运输发展研究中对衡量铁路运输的参数处理得到了广泛运用[78,114,115]。

如果用上述方法把铁路货运系统的各项指标参数提取成一个或少数主参数来进行铁路货运发展演化机理的研究，从理论上来说是可行的，但是在实际应用上述方法时发现，其提取的主参数含义一般都不像原始参数那样含义明确、清楚，往往具有模糊性，这是由于变量在变维的过程中所产生的代价。而本书不仅要准确判定出铁路货运发展演化的规律特征，其实质目的还是要对铁路货运的建设发展能够进行实际指导。这就需要在原始参数中寻找一个能够直接支配铁路货运系统在演化过程中的速度和进程的主参数。

协同学是德国斯图加特大学理论物理学家哈肯（Hermann Haken）教授创立的一门新兴科学，主要研究各种不同的系统在一定的外部条件下，内部各系统要素之间通过非线性的相互作用产生的协同效应，从无序状态向有序状态以及从有序状态又转化为混沌的机理和共同规律。哈肯发现，可以用某个特定的量，即序参量来刻画普遍的现象。序参量是相变理论中描述一个系统宏观有序程度的参量，序参量的变化可以反映系统从无序向有序的转变。序参量的变化遵循概率分布随时间变化的所谓"主方程"，其意义是用确定的方程来描写随机的、不确定的过程。在不同条件下，求解序参量遵循的主方程，原则上可以描述从无序到有序的形成过程及其形成结构。然而如何从若干系统变量中选择一个或几个序参量来表示系统在临界点处有序度的变化呢？哈肯发现，各个状态变量在相变过程中所起到的作用是不同的，绝大多数参量在临界点附近阻尼大、衰减快，对转变的进程没有明显的影响，称为快弛豫参量；有一个或几个参量则出现临界无阻尼现象，它不仅不衰减而且始终左右着演化的进程，称为慢弛豫参量，它们是子系统合作的产物，是集体变量，且相变过程的边界条件适于它的发展，一旦在相变过程中出现就会得到其他子系统的响应，以至很快席卷整个系统，支配子系统的行为，主宰演化的进程和结局。所有慢弛豫参量代表着系统的"序"或状态，即序参量。为简单起见，把快变量和慢变量的临界关系用两变量 u 和 s 来说明，u 代表慢变量，s 表示快变量，它们构成非线性方程：

$$\dot{u} = au - us$$

大量的快变量用慢变量表示，即快变量是随慢变量变化而变化的，它们的行为伺服于慢变量，因此可以采用慢变量的方程表示系统的演化，消掉了快参量方程，得到只含有一个或几个参数的序参量方程。杨柳文（2012）应用协同学的思想，建立了铁路货运协同发展的序参量模型，并运用函数的极值条件和多元最小二乘法，求出了影响铁路货运系统各参数的序参量模型系数，通过对序参量模型系数进行分析，最终得到了直接决定和主导铁路货运系统的序参量为铁路营业里程，该参数直接支配着铁路货运系统在演化过程中的速度和进程[31]。王富忠（2015）也基于计量经济学研究方法，从 1952年以来分时段研究了中国铁路货物运输的格兰杰原因，研究结果显示，铁路营业里程是铁路货运量增长重要原因之一[116]。

同时，从运输演化理论文献研究分析中已经得出，目前运输演化的过程在初步运输化阶段呈现的特点是不同运输方式线路数量的增长，而在完善运输化阶段呈现出提高运输质量的特征。而对国外铁路货运发展特征研究分析中也得出，各发达国家在实际发展策略的制定时都首先缩减甚至停止线路的建设。由此可见，线路数量无论在运输演化理论，还是在铁路货物运输实际策略制定中都作为一项非常重要的系统参数。

和西方国家铁路网的衰退不同，目前我国铁路线网呈现快速发展的趋势，大量新线和旧线改造项目投入规划和建设，但同时铁路货运量、货物周转量和货运收入均出现了下滑的趋势，中国铁路货物运输的未来会不会呈现和西方国家相似的演化规律，铁路线路建设应如何进行，值得铁路研究者们深思。如果以铁路线路数量作为主参数的选择，那么分析出的结果就会对铁路建设的线网规模和时序提供良好的借鉴。

因此从铁路货运系统序参量理论、运输演化理论的文献研究以及我国铁路建设的实际需求三个方面综合考虑，本书选用铁路营业里程作为我国铁路货运发展演化的主参数。

2.4　影响机制运作体系的阐释

1. 影响机制的阐释

机制的概念可以简单表述为通过具体的运作方式将事物的各个组成部分联系起来，使各个部分协调运行并对事物的功能发挥作用。理解机制的概念，应主要把握两点：一是事物必须是由各个部分所组成，这是机制产生的前提条件；二是协调事物各个部分之间的关系必须是一种具体的运作方式[117]。

对于铁路货运系统的构成分析可知铁路货运系统是由各个组成要素构成，这为铁路货运发展演化影响机制的形成提供了前提条件，又由于铁路货运系统的动态性，要求铁路货运在不断演化的过程中协调好各组成要素之间的关系，使铁路货运系统更好地发挥作用。所以，本书将铁路货运发展演化影响机制的概念定义为①：在铁路货运发展演化过程中协调好系统各组成要素之间的关系，以更好地发挥铁路货运系统功能的具体运作方式。铁路货运发展演化影响机制概念的阐释如图 2-5 所示。

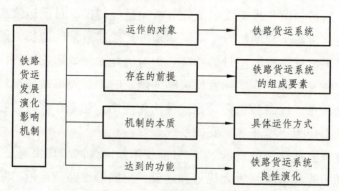

图 2-5　铁路货运发展演化影响机制概念的阐释

2. 影响机制运作体系结构模型的建立

从铁路货运发展演化影响机制的文献综述中可知，目前对于影响机制的划分没有统一的标准，使得对于铁路货运发展策略的制定缺乏科学性和全面性。而结构模型最大的好处就是可以把模糊不清的思想、看法转化为直观的具有良好结构的模型，具有启发性，为制定决策能够提供科学的依据。因此，如何建立一个科学合理的影响机制运作体系结构模型，是铁路货运发展演化影响机制理论研究首要解决的问题。

从机制的概念解释可以得出，机制的划分有不同的标准，主要分为从机制运作形式和从机制运作功能来进行划分两种角度[109]，本书主要从铁路货运

---

① 注：从目前的相关研究来看，机理和机制由于同时作为英文（mechanism）的中文解释，在实际运用中经常将两者的词义统一，而本书将机理和机制的关系界定为：机制应包含在机理之中，主要是机理的外部表现。为了和避免词义混淆，最终将机制定义为影响机制。

发展演化影响机制运作功能入手来进行体系结构模型的设计。从其影响机制的运作功能来看，主要的功能就是使铁路货运发展演化中所提供的运输供给能力满足不同时期社会经济发展的运输需求。所以本书进一步从运输需求和供给的角度来进行铁路货运发展演化影响机制运作体系结构模型的设计，具体的设计思路如下：

首先社会经济活动会通过不同角度产生运输需求，即形成影响机制运作体系结构中的动力机制。在铁路货运发展演化的过程中，运输需求必须在一定的支撑供给条件下才能实现，从而形成影响机制运作体系结构中的支撑机制。而铁路货运的实际供给能力是否真正能满足运输需求就需要对铁路货运的供给效果来进行评价，即形成影响机制运作体系结构中的评价机制。通过评价机制寻求该状态下铁路货运能否满足社会的运输需求，如不能满足，则需要对铁路货运发展演化进行一系列的调整，这种调整供给形成了影响机制运作体系结构中的调整机制。通过以上分析，最终本书选择动力机制、支撑机制、评价机制和调整机制作为结构要素建立铁路货运发展演化影响机制体系结构模型。为更好地反映各项影响机制对铁路货运发展演化的运作程度，本书引进铁路货运发展演化函数的概念，该函数表征的是各项影响机制与铁路货运发展演化水平之间的函数关系。具体的函数抽象表达式为：

$$F = f(D,\ S,\ E,\ A)$$

式中 F——铁路货运发展演化水平；

       D——动力机制；

       S——支撑机制；

       E——评价机制；

       A——调整机制。

组成影响机制体系结构模型的各项影响机制对铁路货运发展演化的具体运作功能为：动力机制 D 为铁路货运发展演化提供了动力来源，这种动力分为需求动力和方向动力两个方面，分别为铁路货运发展演化提供了运输需求的合理性判断以及发展方向的战略性导向。支撑机制 S 为铁路货运发展演化提供了支撑投入，通过对投入指标的效果分析，可以为铁路货运发展演化提供投入调整建议。在动力机制和支撑机制的共同作用下，铁路才能形成适应社会经济运输需求的货运供给能力，因此本书将动力机制和支撑机制又合称为动因机制。由于评价机制和调整机制都是在铁路货运实际运作中进行分析和研究，因此本书将这两种机制合称为运作机制。评价机制 E 为铁路货运发展演化提供了效果分析，从而能够得出目前铁路货运发展演化需解决的重点问题。对动力机制、支撑机制和评价机制影响分析的研究成果进行综合分析，能够得到铁路货运发展演化的调整策略。通过将调整策略和调整机制 A 的实际运作结果进行比较分析，能够判断出铁路货运发展演化的运作效应。通过对各影响机制进行综合分析而得到的研究成果，能够使我国铁路货运发展政策的制定具有科学性和前瞻性，最终实现铁路货运的良性演化和可持续发展。铁路货运发展演化影响机制运作体系结构模型如图 2-6 所示。

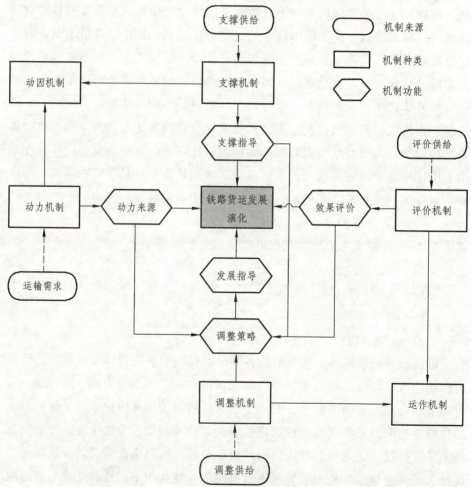

图 2-6　铁路货运发展演化影响机制运作体系结构模型

本书第 5，6 章将在该体系结构模型的理论基础上，进一步从动因机制和运作机制两个方面分别对各影响机制的运作进行理论研究和实践分析，从而构建一个较为完善的铁路货运发展演化影响机制运作理论实践体系。

2.5　本章结论

本章作为全书研究的出发点，主要对铁路货运发展演化机理进行了基本阐释，包括：在生物进化论和铁路货运演化之间建立了隐喻关系，并对铁路货运演化及演化机理的概念进行了阐释；基于工程演化论所研究的重点内容阐释出铁路货运发展演化机理的研究范围；基于系统论对铁路货运系统及其序参量进行了阐释；基于运输需求和供给角度，从动力机制、支撑机制、评价机制和调整机制四个方面建立了铁路货运发展演化影响机制运作体系结构模型，并对该结构模型中各影响机制的运作功能及相互关系进行了阐释。上述研究结论为下面各章的具体研究奠定了思想来源和结构基础。

第 3 章　铁路货运发展演化的生命周期特征分析

3.1　铁路货运发展演化的生长特征分析

根据上面章节基于系统论对铁路货运发展演化主参数的阐释而得到的铁路营业里程可以作为我国铁路货运发展演化主参数的分析结论（详见本书第 2 章第 2.3 节），本书采集 1949—2014 年中国铁路营业里程作为基础分析数据（数据来源于《中国统计年鉴》），据此绘制我国铁路货运发展演化生长特征分析研究曲线，如图 3-1 所示。

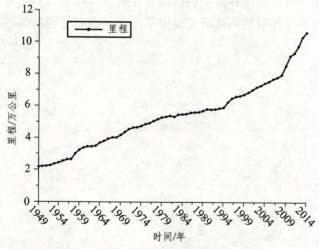

图 3-1　铁路营业里程点线图（1949—2014）

从图 3-1 中可以明显看出，该研究曲线是呈非线性无限发展特征的，目前对于呈现该特征的曲线研究普遍采用非线性函数进行分析[49]，非线性函数模型可以表示为：

$$Y = f(X, \beta) + \varepsilon \tag{3.1.1}$$

式中　X——可观察的独立随机变量；

　　　β——待估的参数向量；

042

Y——独立观察变量，其平均数依赖于 X 和 β；

ε——随机误差。

函数形式 $f(\cdot)$ 是已知的。由于研究曲线呈多曲线形式，而多项式曲线拟合是曲线形式的一种，它以多项式函数配合时间序列数据来拟合真实的曲线趋势，用以研究曲线的变化规律。其公式为：

$$f(x) = a_n x^n + a_{n-1} x^{n-1} + \cdots + \varepsilon \quad n \geqslant 2 \qquad (3.1.2)$$

式中　x——随机变量；

a——参数向量；

$f(x)$——独立变量，它的平均数依赖于 x 和 a；

ε——随机误差。

多项式函数是由参数向量 a 与随机变量 x 经过有限次乘法和加法运算得到的。显然，当 $n \geqslant 2$ 时，函数才为非线性函数。根据级数的概念，次数 n 越多，拟合优度 R^2 越大，当次数 $n \to \infty$ 时，拟合优度 $R^2=1$，这时拟合的多项式函数为最优，但是在实际应用中，显然是不可行的，所以在进行次数分析时，经常采用图上作业法，可以依据数据曲线观察转向点的个数 m，即可得到多项式的项数为 $m+1$，且以 $n \leqslant 5$ 为益。有关模型的参数估计在此不作详述。

本书采用非线性函数对图 3-1 中的研究曲线进行拟合和分析，判定铁路货运发展演化的阶段特征，从而对铁路货运发展演化的生长特征进行分析。根据多项式函数项数的确定原则，可知对于铁路货运发展演化阶段的划分，首先可以通过分析研究曲线找出曲线转向点，通过转向点的个数确定多项式项数，据此绘制铁路货运发展演化阶段划分假设图，如图 3-2 所示。根据图中曲线的走向，可以近似观察出曲线转向点为 3 个，因此可以提出假设，即我国铁路货运发展演化分为 4 个阶段。

为了避免由于随机变量值较大而产生由于参数精度问题而造成的标准差较大，所以应调整随机变量 x，使计算结果在误差范围之内[118]。调整方法为将原来的年度值改为第 t 年，即 1949 年为第 1 年，1950 年为第 2 年，以此延续，一直到 2014 年为第 66 年，一共为 66 个时间点。根据铁路货运发展演化分为 4 个阶段的假设，取 $n=4$，根据公式（3.1.2），得到调整后的多项式函数公式中各参数及检验数值，如表 3-1 所示。

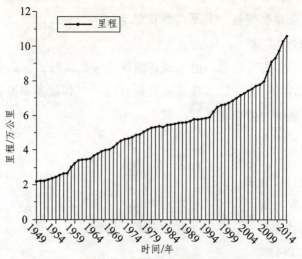

图 3-2　铁路货运发展演化阶段划分假设图

表 3-1　调整后多项式函数参数及检验数值

	参数	参数值	标准差	拟合优度 R^2
$f(x)$	a_4	2.1154E-6	1.6265E-7	
	a_3	−2.2051E-4	2.1962E-5	
	a_2	0.0066	9.8284E-4	0.9967
	a_1	0.0433	0.0164	
	ε	2.0614	0.0804	

由表 3-1 可知,拟合优度 R^2 以及各参数的标准差均符合检验要求。以 2006 年为例,该年铁路营业里程为 7.71 万 km,通过多项式函数公式所得的预测结果为 7.82 万 km,误差值为 1.17%,如图 3-3 所示。从曲线拟合残差图（图 3-4）中也可以看出,残差值范围为[-0.27,0.24],符合残差的检验要求。因此,由表 3-1 中的各参数值可以得到我国铁路货运发展演化的多项式曲线公式为:

$$f(x) = (2.1154E-6)x^4 - (2.2051E-4)x^3 + 0.0066x^2 + 0.0433x + 2.0614$$

由非线性函数模型项数 n 与拟合优度 R^2 的关系可知,项数 n 越多,拟合优度 R^2 越大,所以在进行项数分析时,要进一步用图上作业法对铁路货运发展演化的阶段进行验证。根据次数 $n:2 \leqslant n \leqslant 5$ 的选择原则,计算当 n 分别为 2,3,4,5 的情况下的拟合优度 R^2,并绘制拟合优度图,如图 3-5 所示,从图中可见,当 $n=4$ 时,曲线变缓。因此可以验证假设,即得出 1949—2014 年我国铁路货运发展演化分为 4 个阶段。

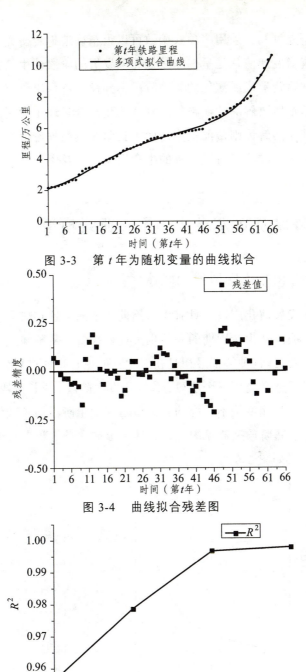

图 3-3　第 t 年为随机变量的曲线拟合

图 3-4　曲线拟合残差图

图 3-5　不同项数下的拟合优度图

从上述研究可知，采用多项式函数可以很精确地拟合研究曲线，并得出了我国铁路货运发展演化是呈现非线性无限发展的阶段性生长特征。但该结论只能得出铁路货运发展演化的 4 个阶段，并没有体现出研究曲线生长的周期性，对于本章所要解决的铁路货运发展演化是否呈现生命周期特征以及未来生长特征规律的解读则帮助很小，而生长曲线模型理论恰好解决了这个问题，它能够形象地描绘出研究对象的生命周期特征及生长规律。

3.2 铁路货运发展演化生长曲线模型

3.2.1 生长曲线模型理论概述

铁路货运发展演化应该是具有生命周期特征的，这在研究空间的演绎推理中已得到证明。从生命周期的一般生长过程来看，从整体上会呈现一种 S 形的生长曲线特征。这种特征最初是在对生物的生长特性进行分析中得到的，生物的生长过程通常经历三个阶段，分别是发生阶段、成长阶段和成熟阶段，这三个阶段的生长速度是不一样的。一般是在发生阶段增长较慢，成长阶段则突然加快，成熟阶段又略见缓慢，总体上形成一条 S 形曲线的形式。典型的 S 形生长曲线如图 3-6 所示。

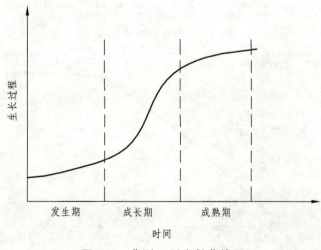

图 3-6　典型 S 形生长曲线图

目前在对不同领域如农业、林业、工程以及经济学的研究对象进行生长行为的研究中，经常会碰到研究对象在其发展过程中呈现出与生物生长类似的发展过程，即在成长期快速增长、成熟（饱和期增长放慢）、衰退等各种不同形态。不管研究对象的变量是离散的还是连续的，随着时间的推移，研究的变量总会呈现一系列的生长规律，并且在生长的过程中会呈现相对恒定的生长速率，呈指数增长。所以，生长曲线模型（Growth Curve Modeling）是一种可以描述研究对象的变量随时间变化而呈现某种生物变化规律的曲线模型，从而可以对研究对象的生长规律及演变进行定量地描述和研究。

根据生长曲线的生长次数 n，可以将生长曲线的生长形式分为两种。当 $n=1$ 时，为单一型生长形式，这种形式为一条典型的 S 形曲线，因变量 Y_t 随着自变量 t 的增加在 Y 轴的"截距"不断增加，但只经历了一个生命周期，即发生 → 成长 → 成熟三个阶段，当 $t \geqslant t_n$ 时，因变量 Y_t 达到成熟期，此时 $Y_t = Y_\infty$，如图 3-7（a）所示。而当 $n>1$ 时，则发生了因变量 Y_t 随着自变量 t 的增加经历几个生命周期的情况。当 $t=t_1$ 时，因变量 Y_t 随着自变量 t 完成一个生命周期，Y_t 达到成熟期，此时 $Y_t = Y_1$，Y_t 达到成熟。而当 Y_t 达到成熟期后，生长曲线发生突变，从而使因变量 Y_t 随着自变量 t 完成下一个生命周期，如此循环。直到当 $t \geqslant t_n$ 时，因变量 Y_t 达到成熟期，$Y_t = Y_n$，而生长曲线不发生突变为止，此时，因变量 Y_t 随着自变量 t 经历了 n 次生长，生命周期次数为 n，并且每一次生命周期都经历了发生 → 成长 → 成熟三个阶段的生长曲线过程，如图 3-7（b）所示。

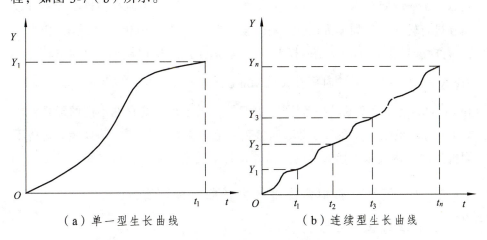

（a）单一型生长曲线　　　　　　（b）连续型生长曲线

图 3-7　生长曲线的生长形式

近年来,随着生长曲线模型逐渐应用到越来越多的领域[119],其模型和算法也日渐成熟[120]。目前常见的生长曲线模型如表 3-2 所示,尽管这个列表并不能涵盖所有的生长曲线模型,但已经基本涵盖了截至目前所有的主流生长曲线模型[121]。

表 3-2　常见的生长曲线模型表

序号	模型	序号	模型
1	Linear	11	Janoschek
2	Logarithmic reciprocal	12	Lundqvist–Korf
3	Logistic	13	Hossfeld
4	Gompertz	14	Stannard
5	Weibull	15	Schnute
6	Negative exponential	16	Morgan–Mercer–Flodin
7	von Bertalanffy	17	McDill–Amateis
8	Chapman–Richards	18	Levakovic（I, III）
9	Log logistic	19	Yoshida（I）
10	Brody	20	Sloboda

注：该表根据 Michael 的著作《Growth Curve Modeling Theory and Applications》中数据加以整理所得。

无论模型的形式有何不同,这些模型都有其共同的特性,即单调性,具有渐变性和拐点,都是在对研究对象的功能或属性定义为一系列的参数的前提下,来描述研究对象的发展特点,不同的参数对应相应的 Y 轴截距,截距值取决于不同模型参数的生长速率,最后都达到一个 Y 轴水平渐近线的过程,从而整个研究对象达到一个稳定的状态。并且表 3-2 中所列的模型大多可以相互进行转化,比如 von Bertalanffy 模型在 $k = 2$ 时会转化成 Logistic 模型,$k \to 1$ 时会转化成 Gompertz 模型;并且 Richards 模型在 $\gamma \to -1$ 时可转化成 Brody 模型,在 $\gamma \to -\dfrac{1}{3}$ 时可转化成 von Bertalanffy 模型;以及 Logistic 模型和 Log logistic 模型的转换等[121]。并且同一模型也可能存在不同的形式,比如 Logistic 模型就存在三参数、四参数甚至五参数模型[122]。事实上,这些不同模型的表达式除了形式上的差异外,其本质是一致的,可以相互导出。

3.2.2　基于调整拟合优度的生长曲线模型算法

1. 算法的基本思想

用原始数据进行生长曲线拟合时,通常的算法是首先选择 $m\ (2 \leqslant m \leqslant 5)$ 个备选生长曲线模型，并尽量使备选模型曲线特性与实际曲线生长特性相吻合[122]。然后计算各曲线模型与实际曲线的拟合度，从中选择拟合度最高的生长曲线模型作为预测模型，从而进行生命周期阶段的划分及生长预测，这种算法多针对于单一型生长曲线的研究。本书通过选用 Logistic 生长曲线模型对铁路货运发展演化的研究曲线进行拟合，如图 3-8 所示。从残差图（图 3-9）中可以看出，拟合结果呈发散形式，显然不符合单一型生长曲线生命周期的生长特

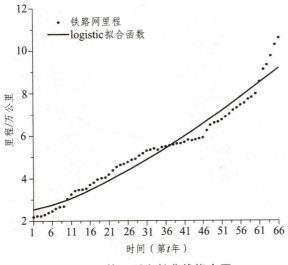

图 3-8　单一型生长曲线拟合图

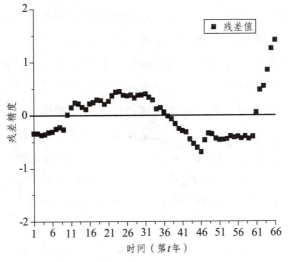

图 3-9　单一型生长曲线拟合残差图

征。由于铁路货运发展演化的研究曲线是呈非线性无限发展特征的，并且通过多项式函数拟合能够将铁路货运发展演化分为 4 个阶段，因此可以假设铁路货运发展演化符合连续型生长曲线的生长特征，并近似由 4 条 S 形曲线即 4 个生命周期所组成，如图 3-10 所示。而目前对于连续型生长曲线模型的算法研究则相比匮乏，尤其是对各生命周期时间点的确定多以定性分析为主[49]，因此找到一种能够有效解决研究曲线呈现连续型生长曲线形式下生命周期阶段的划分模型算法尤为关键。

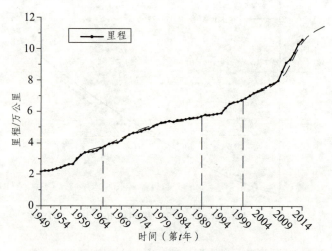

图 3-10　铁路货运发展演化连续型生长曲线假设图

从演绎推理得到铁路货运发展演化应呈现生命周期特征经验事实的基础上，本书将单一型生长曲线模型判定的传统算法进行改进，根据生长曲线模型基础，运用调整拟合优度最大隶属原则，设计出基于调整拟合优度的生长曲线模型算法，拟解决当研究曲线呈现连续型生长曲线形式特征时，如何对其生命周期进行准确划分和对其生长规律特征进行解读的难题。

算法的基本思想为：根据拟合优度有效性原则（自变量个数/样本数）≥（1/10），选择初始时间段 $T_1 = (t_1 \rightarrow t_n)$，根据该时间段确定初始研究曲线 S_1，并依次取不同时间段 $T_i = (t_1 \rightarrow t_{n+i})(i=1,2,3,\cdots)$ 下的研究曲线 S_i，计算备选生长曲线模型和研究曲线 S_i 的调整拟合优度，绘制调整拟合优度曲线，若曲线呈凸性分布特征，确定曲线图中的最大调整拟合优度 $\max \overline{R}_k^2$，则根据 k 值得出第一生命周期时间段 T_k^1 的划分，即 $T_k^1 = (t_1 \rightarrow t_{n+k})$。同理，按照该算法最终可将连续型生长曲线形式划分为多个单一型生长曲线形式，即将研究曲线划分为多生命周期，进而根据单一型生长曲线的传统分析算法就可以对各生命周期的阶段性生长规律特征进行分析和预测。

2. 算法的模型基础

（1）生长曲线模型的选择。

从表 3-2 可以看出，目前对研究对象的生长行为特征进行研究的主流生长曲线模型主要由线性生长曲线模型、指数生长曲线模型和 S 形生长曲线模型构成，虽然这些模型在不同领域的实际应用中都取得了良好的效果，但在实际研究生长行为的过程中也有侧重。Michael（2014）在其著作 *Growth Curve Modeling Theory and Applications* 一书中指出，虽然线性或指数增长可能有时是符合生长规律的，但是在大多数情况下，应专注于 S 形生长曲线的研究[121]。Nakicenovic（1998）也曾为研究运输系统绘制了很多曲线，比较之后认为 S 形曲线非常适合当前对运输系统演化规律的理解。基于 S 形曲线假设，伴随运输系统的形成和发展会出现一个长期的产生阶段，而随着运输系统的扩张会出现一个增长阶段，之后伴随运输系统覆盖已有的市场还会出现一个相对较慢的成熟阶段[11]。

本书选用四种生长曲线模型作为算法的基础模型[122]，函数表达式及适用条件如表 3-3 所示。每种生长曲线模型都具有单调生长的共性，并在拐点 $(t_{inf}, Y_{t_{inf}})$ 处将曲线分为快速生长和减速生长两个过程，但因各模型函数的表达式及参数值的差异，使得对于给定相同参数的四种模型而言拐点 $(t_{inf}, Y_{t_{inf}})$ 是不同的，所以模型曲线从快速生长在到减速生长的过程存在差异。从各模型的适用条件可以看出，备选的四种生长曲线模型基本包含了生长曲线生长过程的特征条件，具有一定的代表性[52]。在此基础上，将研究曲线分别和备选模型进行拟合，从中选择拟合优度最高的模型作为预测模型。

表 3-3　四种生长曲线模型特征及适用条件

模型	函数表达式	拐点 $(t_{inf}, Y_{t_{inf}})$	适用条件
Logistic	$Y_t = Y_\infty + \dfrac{(Y_0 - Y_\infty)}{1+(t/\alpha)^\beta}, \geq 0$	$\left(\dfrac{ln\alpha}{\beta}, \dfrac{Y}{2}\right)$	快速增长期和减速增长期大致相同
Gompertz	$Y_t = Y_\infty e^{-\alpha e^{-\beta t}}, \quad t \geq 0$	$\left(\dfrac{ln\alpha}{\beta}, 0.36788Y_\infty\right)$	快速增长期和减速增长期大致相同

模型	函数表达式	拐点 $(t_{\inf}, Y_{t_{\inf}})$	适用条件
Richard	$Y_t = \dfrac{Y_\infty}{(1+e^{\alpha-\beta t})^{\frac{1}{\gamma}}},\ t \geqslant 0$	$\left[(\alpha-In\gamma)\Big/\beta,\ Y\Big/(1+\gamma)^{\frac{1}{\gamma}}\right]$	快速增长期较长,减速增长期较短
Weibull	$Y_t = Y_\infty - \alpha e^{-\beta t^\gamma},\ t \geqslant 0$	$\left([(r-1)/B\gamma]^{\frac{1}{\gamma}},\ Y_\infty - ae^{\left[-(r-1)/r\right]}\right)$	快速增长期较短,减速增长期较长

注: Logistic 模型有多种表达形式,四参数模型可以有效纠正被试能力高估或低估现象,单、两、三参数模型是四参数模型的特例,建议使用四参数模型[123]。

其中,参数 $Y_\infty, \alpha, \beta, \gamma > 0$,且各自含义不同,如参数 Y_∞ 与曲线的渐近线有关,如上述四种生长曲线模型的渐近线均为直线 $Y_t = Y_\infty$;参数 α 与 Y 轴的"截距"有关,所以一般有 $Y_\infty > \alpha$;参数 β 与随机变量从"初值"(由 α 大小确定)改变到它的"终值"(由 Y_∞ 大小确定)的速率有关;而参数 γ 则用来增加数据拟合模型的灵活性($\gamma > 1$)。

由于生长曲线模型属于非线性函数,为了确定生长曲线模型中的各项参数,一般的方法都是把非线性曲线方程变换为线性方程,然后用线性方程去拟合参数、确定参数,通常采用最小二乘法进行计算,但由于非线性问题用最小二乘法使得计算非常复杂,于是又出现了其他的参数确定算法,包括三点法(PearlandReed , 1920)、目测法(郭祖超等, 1965)、平均值法(AndrewarthaandBrieh, 1954)、枚举选优法(万昌秀, 1983)、麦夸方法(王莽莽, 1985)、四点式平均值法(王振中, 1987)、数值法(吴新元, 1990)、三次设计法(潘辉, 1992)、遗传算法(蔡煌东等, 1993)、改进单纯形法(吴承祯, 1997)等。无论哪种算法,目的都是以预测模型与实际模型之间的标准差最小为原则,主要由系数的标准差、数据的残差值以及拟合优度进行误差判断。在实际运用中通常都是结合计算机专业软件进行计算,比如MATLAB、lingo、origin、SIGMA、SAS 系统等[124]。

(2)拟合优度和调整拟合优度。

目前对于各种曲线的拟合,基本采用的都是通过研究曲线和模型曲线之间的拟合优度的大小来进行拟合判断①。拟合优度 R^2(coefficient of determination)

---

① 注: 在绝大部分文献中, R^2 主要被称为判定系数,由于本书拟运用 R^2 通过比较拟合度的大小来进行铁路货物运输演化生命周期的划分,所以采用拟合优度来命名 R^2 比较合适。

也称决定系数或者判定系数，表示拟合出来的方程和实际观测数据之间的拟合程度。拟合优度的有效性通常要求：（自变量个数/样本数）≥（1/10）。

设 y_i 为待拟合数值，其均值为 $\overline{y}$，拟合值为 $\hat{y}_i$，记：

$$\sum (y_i - \overline{y})^2 = total\ \mathrm{var}iation$$
$$= sum\ of\ squares\ due\ to\ total\ (SST)$$

$$\sum (\hat{y}_i - \overline{y})^2 = explained\ \mathrm{var}iation$$
$$= sum\ of\ squares\ due\ to\ regression(SSR)$$

$$\sum (y_i - \hat{y}_i)^2 = un\exp lained\ \mathrm{var}iation$$
$$= sum\ of\ squares\ due\ to\ error\ (SSE)$$

式中　SST 为总平方和，SSR 为回归平方和，SSE 为残差平方和。则有：

$$SST = SSR + SSE$$

将 SST，SSR，SSE 计算公式变换可得：

$$SST = \sum y_i^2 - n\overline{y}^2$$

$$SSR = \frac{\left[\sum x_i y_i - n\overline{x}\,\overline{y}\right]^2}{\sum x_i^2 - n\overline{x}^2}$$

$$SSE = SST - SSR$$

所以拟合优度 R^2 为：

$$R^2 = \frac{SSR}{SST} = 1 - \frac{SSE}{SST} \tag{3.2.1}$$

R^2 值在 0 ~ 1 之间，R^2 值越高，代表时间周期内的生长曲线函数的拟合度越高。R^2 的计算公式为：

$$R^2 = \frac{SSR}{SST} = \frac{\left[\sum x_i y_i - n\overline{xy}\right]^2 \Big/ \sum \left(x_i - \overline{x}\right)^2}{\sum \left(y_i^2 - n\overline{y}^2\right)}$$

$$= \frac{\left(\dfrac{\sum x_i y_i - n\overline{xy}}{n-1}\right)^2}{\dfrac{\sum \left(y_i - \overline{y}\right)^2}{n-1} \cdot \dfrac{\sum \left(x_i - \overline{x}\right)^2}{n-1}} = \frac{S_{XY}^2}{S_X^2 S_Y^2} = \gamma_{XY}^2 \tag{3.2.2}$$

在实际应用中发现，R^2 会随着解释变量的增加而逐渐增大，但现实情况应是解释变量的增加和 R^2 的大小应无关。出现这种情况的主要原因在于，R^2

的计算中没有考虑到 SST 和 SSE 的自由度，如果把这个观点加入，那么就定义了另一个拟合优度，称之为调整拟合优度，用 $\overline{R}^2$ 表示：

$$\overline{R}^2 = 1 - \frac{SSE/(n-k-1)}{SST/(n-1)} \tag{3.2.3}$$

式（3.2.3）建立的理论来源为：为了消除增加解释变量和使自由度减少的情况，将残差平方和除以自己的自由度 $(n-k-1)$，将总体平方和除以自己的自由度 $(n-1)$。这样得到的调整拟合优度就避免了由于解释变量的增加而产生对结果的影响。所以，在划分铁路货运发展演化的生命周期时，应以调整拟合度为主要因素来进行判定[①][125]。

3. 算法的分析流程

结合铁路货运发展演化呈现非线性无限发展的阶段性生长特征，本书设计出基于调整拟合优度的生长曲线模型算法流程，如图 3-11 所示。各步骤解释如下：

Step1：对组成铁路货运系统的各要素进行分析，选择能代表铁路货运发展演化特征的主参数。

Step2：收集主参数的时间序列数据，并根据数据绘制研究曲线。

Step3：对研究曲线进行初步判定。如不符合 S 形生长曲线特征，则算法结束，表示铁路货运发展演化不具有生命周期特征；符合则转入 Step4。

Step4：进行生长曲线形式的判定。根据研究曲线的生长特征和备选生长曲线模型的适用条件，从备选生长曲线模型中选择一种模型对研究曲线进行拟合。如通过检验，则该曲线为单一型生长曲线，转入 Step6；如拟合发散，则进行连续型生长曲线假设，转入 Step5。

Step5：根据拟合优度有效性原则（自变量个数/样本数）$\geqslant$（1/10），选择初始时间段 $T_1 = (t_1 \to t_n)$，根据该时间段确定初始研究曲线 S_1，并依次取不同时间段 $T_i = (t_1 \to t_{n+i})$ $(i = 1,2,3,\cdots)$ 下的研究曲线 S_i，计算备选生长曲线模型和研究曲线 S_i 的调整拟合优度，绘制调整拟合优度曲线，若曲线呈凸性分布特征，确定曲线图中的最大调整拟合优度 $\max \overline{R}_k^2$，则根据 k 值得出第一生命周期时间段 T_k^1 的划分，即 $T_k^1 = (t_1 \to t_{n+k})$。同理按照该算法最终可将连续型生长曲线形式划分为多个单一型生长曲线形式，即将研究曲线划分为多生命周

---

① 注：下文论述的拟合优度都是指调整拟合优度。

期。生命周期划分结束后，转入 Step6。若调整拟合优度曲线图不呈现凸性分布，则算法结束，表示铁路货运发展演化不具有生命周期特征。

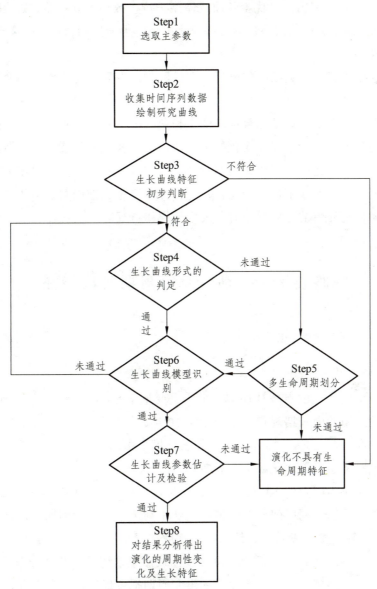

图 3-11　基于调整拟合优度的生长曲线模型算法流程

　　Step6：将各生命周期的研究曲线和备选生长曲线模型进行拟合比对，按调整拟合优度最大隶属原则进行最优生长曲线模型识别，如最优生长曲线模型不是最初选择的生长曲线模型，则转入 Step4，将最优生长曲线模型与研究曲线重新拟合；反之转入 Step7。

Step7：对识别出的最优生长曲线模型进行参数估计和检验，如检验未通过，则算法结束，表示铁路货运发展演化不具有生命周期特征；如检验通过，则转入 Step8。

Step8：根据对参数结果的分析得到铁路货运发展演化的周期性变化及生长规律。

下文将根据基于调整拟合优度的生长曲线模型算法流程，选用铁路营业里程作为我国铁路货运发展演化的主参数，结合我国铁路货运发展演化的实际特点，对其研究曲线的生命周期特征进行实践应用，一方面对该模型算法进行验证，并在实践中进一步完善；另一方面希望能准确解读出我国铁路货运发展演化过程中的生命周期时段及生长规律特征。

3.3　铁路货运生长曲线生命周期阶段特征

3.3.1　生命周期划分

1. 第一生命周期划分

由于拟合优度的有效性通常要求（自变量个数/样本数）≥（1/10），而我国通常采用的中长期规划年限为 10～20 年，所以假设铁路货运发展演化的每个生命周期都在 10～20 年之间，在备选模型中选用 Logistc 生长曲线模型来划分铁路货运发展演化的生命周期。

以第 1 年为起点的 10 年时间为第一生命周期起点，即 1949—1958 年为起点，通过计算不同时间段内的拟合优度来判定第一生命周期。拟合优度值见表 3-4。除去拟合发散点，绘制拟合优度和调整拟合优度双 Y 轴点线图，如图 3-12 所示。可以明显看出拟合优度曲线图呈现明显的凸性分布特征，即从 1949—1963 年时间段开始，第一生命周期拟合优度值不断上升，1949—1969 年拟合优度值达到最大，为 0.98877，然后随时间段扩大拟合优度值不断减少，由此可以判定铁路货运发展演化的第一生命周期时间段为 1949—1969 年。

表 3-4 铁路货运系统演化各生命周期（调整）拟合优度表

第一生命周期			第二生命周期			第三生命周期			第四生命周期		
周期	拟合精度	调整拟合精度	周期	拟合精度	调整拟合精度	周期	拟合精度	调整拟合精度	周期	拟合精度	调整拟合精度
1-10	#	#	22-31	#	#	41-50	*0.9876	*0.98605	51-60	#	#
1-11	#	#	22-32	#	#	41-51	0.9871	0.985667	51-61	#	#
1-12	#	#	22-33	0.97709	0.975007	41-52	0.9806	0.97866	51-62	#	#
1-13	0.97666	0.974538	22-34	0.97877	0.977001	41-53	0.9744	0.972073	51-63	#	#
1-14	0.97678	0.974845	22-35	0.98211	0.980734	41-54	0.9736	0.9714	51-64	#	#
1-15	0.97851	0.976857	22-36	0.98464	0.983543	41-55	0.9740	0.972	51-65	0.98720	0.986215
1-16	0.98151	0.980189	22-37	0.98652	0.985621	41-56	0.9776	0.976	51-66	0.98945	0.988696
1-17	0.98339	0.982283	22-38	0.98754	0.986761	41-57	0.9811	0.97984	51-67	0.99192	0.991381
1-18	0.98437	0.983393	22-39	0.98872	0.988056	41-58	0.9834	0.982363	51-72	*0.99389	*0.993585
1-19	0.98602	0.985198	22-40	*0.98975	*0.989181	41-59	0.9828	0.981788	→	→	→
1-20	0.98781	0.987133	22-41	0.98960	0.989053	41-60	0.9845	0.983639			
1-21	*0.98877	*0.988179	22-42	0.98800	0.9874	41-61	#	#			
1-22	0.98781	0.987201	22-43	0.98780	0.987219	41-62	#	#			
1-23	0.98709	0.986475	22-44	0.98340	0.982645	41-63	#	#			
1-24	0.98681	0.98621	22-45	0.98280	0.982052	41-64	#	#			
1-25	0.98618	0.985579	22-46	0.98775	0.98724	41-65	#	#			

注：*表示生命周期拟合精度和调整拟合精度的最大值；#表示拟合发散；↓表示第四生命周期未停止。

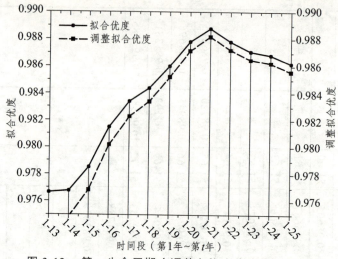

图 3-12　第一生命周期（调整）拟合优度双 Y 轴图

2. 第二生命周期划分

以第 22 年为起点的 10 年时间为第二生命周期起点，即 1970—1979 年为起点，同理来判定第二生命周期。拟合优度值见表 3-4。除去拟合发散点，绘制拟合优度和调整拟合优度双 Y 轴点线图，如图 3-13 所示。可以明显看出拟合优度曲线图也呈现明显的凸性分布特征，即从 1970—1981 年时间段开始，第二生命周期拟合优度值不断上升，1970—1988 年拟合优度值达到最大，为 0.98975，然后随时间段扩大拟合优度值不断减少，所以可以判定铁路货运发展演化的第二生命周期时间段为 1970—1988 年。

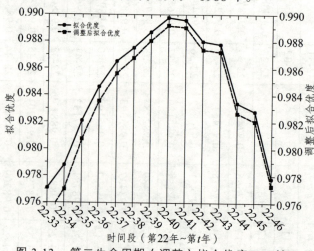

图 3-13　第二生命周期（调整）拟合优度双 Y 轴图

3. 第三生命周期划分

以第41年为起点的10年时间为第三周期起点，即1989—1998年为起点，来判定第三生命周期。各时间段拟合优度值见表3-4。除去拟合发散点，绘制拟合优度和调整拟合优度双Y轴点线图，如图3-14所示。可以发现该图与前两个生命周期拟合优度分布图的特征有很大差别，呈现的是双凸性分布特征，即存在两个峰值，分别是1989—1998年以及1989—2006年两个时间段，拟合优度值分别为0.9876和0.9834，虽然1989—1998年的拟合优度较大，但是不能判定其就是第三生命周期的时间段，所以拟定铁路货运发展演化第三生命周期有两个选项，分别为1989—1998年以及1989—2006年。

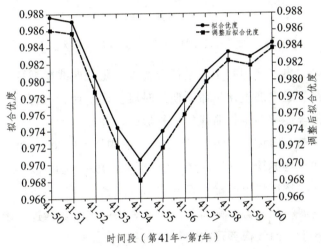

图3-14　第三生命周期（调整）拟合优度双 Y 轴图

4. 第四生命周期划分

分别以第51年和第59年为起点的10年时间为周期起点，即1989—1998年和2006—2015年为起点，来判定第四生命周期。为了使时间段增加，将铁路中长期规划中2020年铁路营业里程将达到12万公里的规划目标作为为第72个时间点纳入到判定周期内，并计算拟合优度，见表3-4，可以发现如果以2006年作为起点，所有时间段的拟合优度值都发散，由此可以推断第三生命周期应为1989—1998年，据此除去发散点，绘制拟合优度和调整拟合优度双Y轴点线图，如图3-15所示，可以发现从1999—2020年，拟合优度值不断上升，所以可以判定铁路货运发展演化第四生命周期为1999—2020年后，并且目前尚未呈现明显的生命周期特征。

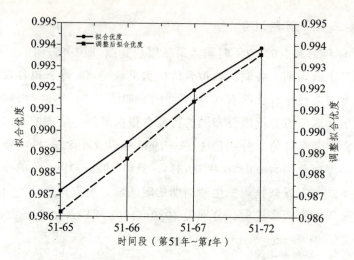

图 3-15　第四生命周期（调整）拟合优度双 Y 轴图

由此可以得出，运用基于调整拟合优度的生长曲线模型算法可以准确解读出我国铁路货运发展演化生命周期的时段。即从 1949 年至今，我国铁路货运发展演化符合连续型生长曲线的生长形式，并经历了 4 个生命周期，分别为第一生命周期（1949—1969 年），第二生命周期（1970—1988 年），第三生命周期（1989—1998 年）和第四生命周期（1999—2020 年后）[①]。但各生命周期的生长规律特征仍不明确，要判定出我国铁路货运各生命周期的生长特征及未来的发展演化趋势，则需要按照该算法的相关步骤进一步对各生命周期研究曲线的生长曲线模型形式进行识别和判定。

3.3.2　生长曲线识别

生长曲线模型都具有单调性、渐进性和拐点的共同特征，且拐点左边的曲线加速上升，右边的曲线减速上升，最后接近某一定值。但是各生长曲线模型在具体形态上又各有不同的特征，不同模型的起点和拐点都存在差异，因此在确定铁路货运发展演化生命周期时只采用 Logistic 曲线模型进行拟合

---

① 为了进一步验证本文选用铁路营业里程来作为铁路货物运输发展演化主参数的正确性，作者采用主成分分析法对铁路货运系统的各项指标参数进行主成分提取并运用 logistic 生长曲线模型进行生命周期的划分，划分结果和本书中生命周期判定的结果非常近似。由于分析理论相同，本书不再重复叙述。

是不精确的。所以在拟合生长曲线模型时，可以选择若干个模型进行拟合，从中选择拟合度较高者作为拟合模型。根据该算法中选用的 Logistic 模型、Gompertz 模型、Richard 模型和 Weibull 模型对各生命周期的研究曲线进行拟合对比分析（见图 3-16）和残差检验（见图 3-17～图 3-20），从而识别出各生命周期研究曲线的生长曲线模型形式。

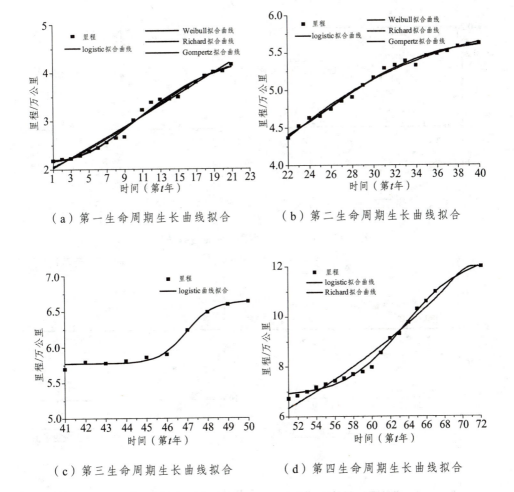

（a）第一生命周期生长曲线拟合　　　　（b）第二生命周期生长曲线拟合

（c）第三生命周期生长曲线拟合　　　　（d）第四生命周期生长曲线拟合

图 3-16　各生命周期内生长曲线模型拟合对比图

注：第三生命周期和第四生命周期内由于部分生长曲线拟合结果发散，所以没有在图中绘制。

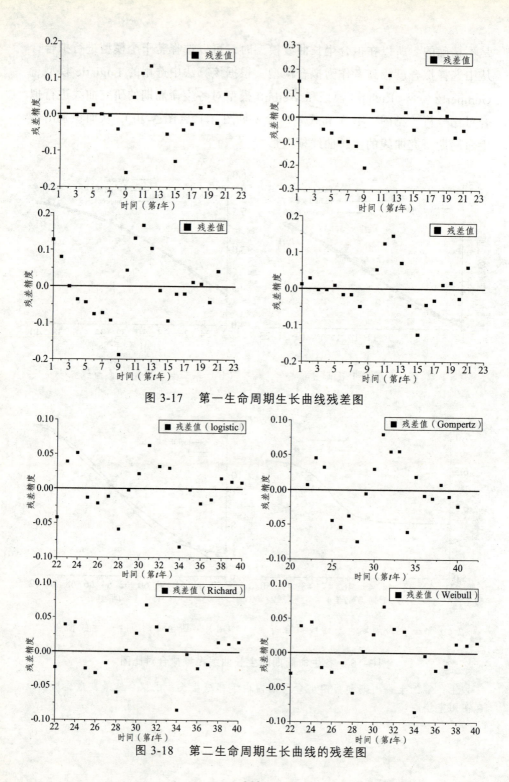

图 3-17　第一生命周期生长曲线残差图

图 3-18　第二生命周期生长曲线的残差图

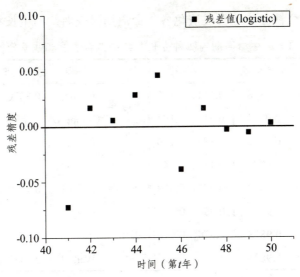

图 3-19　第三生命周期生长曲线残差

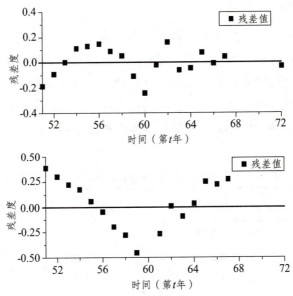

图 3-20　第四生命周期生长周期残差图

　　将各周期内的备选生长曲线模型进行拟合优度的比较分析可得，在铁路货运发展演化的四个生命周期内，Logistic 模型的拟合优度最高，残差值也在误差范围内。拟合优度和残差值见表 3-5，因此可以证明，运用 Logistic 生长曲线模型进行铁路货运系统发展生命周期的划分假设成立，Logistic 生长曲线模型符合铁路货运发展演化各生命周期研究曲线的生长特征。

表 3-5 生命周期内四种生长曲线的拟合优度和残差分析

周期	模型	拟合优度	残差值	周期	模型	拟合优度	残差值
1949 年 ↓ 1969 年	Logistic	0.9888	[−0.161，0.153]	1989 年 ↓ 1998 年	Logistic	0.9876	[−0.071，0.049]
	Gompertz	0.9773	[−0.215，0.193]		Gompertz	#	
	Richard	0.9811	[−0.187，0.176]		Richard	#	
	Weibull	0.9877	[−0.153，0.146]		Weibull	#	
1970 年 ↓ 1988 年	Logistic	0.9898	[−0.073，0.068]	1999 年 ↓ 2020 年 后	Logistic	0.9939	[−0.261，0.194]
	Gompertz	0.9871	[−0.056，0.071]		Gompertz	#	
	Richard	0.9893	[−0.074，0.068]		Richard	#	
	Weibull	0.9894	[−0.081，0.074]		Weibull	0.9654	[−0.494，0.307]

注：#表示生长曲线拟合发散。

3.3.3 规律特征分析

由于 Logistic 生长曲线模型属于非线性函数，为了确定生长曲线模型中的各项参数，首先将非线性曲线方程变换为线性方程，然后用线性方程去拟合并确定参数，通常采用最小二乘法进行计算，目的是以预测模型与实际模型之间的标准差最小为原则。在实际运用中通常都是结合计算机专业软件进行实现[125]。本书根据 Origin8.5 计算各生命周期 Logistic 生长曲线的公式和参数，见表 3-6。

表 3-6 各生命周期内 Logistic 模型的参数估计

生命周期	参数	标定结果	标准差	Logistic 模型公式	拐点第 t 年
1949 年 ↓ 1969 年	Y_∞	4.696	0.279		7.9774
	Y_0	2.187	0.045	$Y_t = 4.696 - \dfrac{2.509}{1+\left(t/13.407\right)^{2.670}},\ t\in[1,21]$	13.407
	α	13.407	1.208		
	β	2.670	0.372		22.532
1970 年 ↓ 1988 年	Y_∞	5.737	0.081		28.345
	Y_0	4.114	0.176	$Y_t = 5.737 - \dfrac{1.623}{1+\left(t/27.547\right)^{6.623}},\ t\in[22,40]$	35.547
	α	27.547	0.751		
	β	6.623	1.303		43.961

生命周期	参数	标定结果	标准差	Logistic 模型公式	拐点第 t 年
1989 年 ↓ 1998 年	Y_∞	6.647	0.039	$Y_t = 6.647 - \dfrac{0.875}{1 + (t/46.957)^{7.318}}, \ t \in [41,50]$	46.040
	Y_0	5.772	0.021		49.957
	α	46.957	0.132		
	β	7.318	2.369		52.893
1999 年 ↓ 2020 年 后	Y_∞	12.537	0.240	$Y_t = 12.537 - \dfrac{5.689}{1 + (t/63.732)^{19.097}}, \ t \in [51,72]$	59.269
	Y_0	6.849	0.087		69.732
	α	63.732	0.320		
	β	19.097	1.556		74.537

表中，Y_∞ 表示表示各生命周期内将达到的最大铁路营业里程；Y_0 表示各生命周期发生时铁路的最初营业里程；β 表示铁路营业里程在每个生命周期内演化的速率；α 表示曲线的拐点浓度，每个生命周期都有发生、成长和成熟 3 个拐点。从上述参数可以解读出我国铁路货运发展演化的相关规律特征：

（1）我国铁路货运发展演化呈现典型的连续型生长曲线的生长形式特点，到目前为止已经经历了四个生命周期，分别为萌芽期（1949—1969 年），发展期（1970—1988 年），调整期（1989—1998 年）和繁荣期（1999—2022 年），每一个生命周期的演化速度都比上一个生命周期有提升的趋势，尤其以第四生命周期提升速度特征最为显著，达 19.097。

（2）每一个生命周期都遵循 Logistic 生长曲线模型的生长规律，都呈现着发生、成长到成熟的生长阶段。以第四生命周期为例，发生期约为 1999—2007 年，成长期约为 2008—2017 年，成熟期约为 2018—2022 年。目前，铁路货运发展演化正处在第四生命周期的成长阶段内，并且在未来 3 年内将会过渡到成熟阶段。

（3）根据第四生命周期的 Logistic 生长曲线模型公式，可得生命周期内各年铁路营业里程预测值及残差值，见表 3-7。可知铁路货运发展演化将在 2022—2023 年间完成第四生命周期，铁路营业里程将达到 12.3 万千米。但需指出的是，由于高速铁路的修建在很大程度上释放了铁路的货运能力，但随着高速铁路里程的增加，其对铁路货物运输发展演化的影响将越来越小，所以本书预测得到的 12.3 万千米的铁路营业里程实际上只应包含部分高速铁路里程。通过表 3-7 的预测结果可知，2014 年铁路营业里程预测值为 10.6 万千米，而实际铁路营业里程为 11.2 万千米，其中高速铁路为 1.6 万千米，则该年高速铁路对铁路货运发展演化的影响里程约为 1 万千米。若以高速铁路对铁路货物运输影响的影响里程为 1 万千米进行计算，铁路营业里程将在 2022—2023 年间完成第四生命周期，并达到 11.3 万千米（不含高速铁路里程）。

3.4　本章结论

本章是从铁路货运发展演化的内部机理出发，基于时间尺度对铁路货运发展演化的规律特征进行研究，运用多项式函数对铁路货运发展演化研究曲线进行拟合分析，得到了我国铁路货运发展演化是呈非线性无限发展的四阶段生长特征；将生长曲线理论移植到铁路货运发展演化的规律特征分析中并进行算法改进，根据调整拟合优度最大隶属原则，设计出基于调整拟合优度的生长曲线模型算法；将该模型算法实践应用到我国铁路货运发展演化的规律特征研究中，研究表明，我国铁路货运发展演化遵循着连续型生长曲线的生长形式，经历着萌芽期（1949—1969 年）、发展期（1970—1988 年）、调整期（1989—1998 年）和繁荣期（1999—2022 年）四个生命周期，每一个生命周期都遵循着发生、成长到成熟的生长阶段。目前我国铁路货运正处于第四生命周期中的成长阶段，该周期将在 2022—2023 年间结束，铁路营业里程将达到 11.3 万千米（不含高速铁路里程）。

研究表明，和运用传统的非线性函数模型只能划分出我国铁路货运发展演化的一般阶段不同，基于调整拟合优度的生长曲线模型算法可以准确解读出我国铁路货运发展演化的周期阶段和规律特征。这对于明确铁路货运发展演化规律，统一铁路货运发展认识和指导铁路建设规模时序都有着很强的理论和现实意义。

表 3-7 第四生命周期 Logistic 模型拟合值及残差值

预测 x 值	预测里程	预测 x 值	预测里程	预测 x 值	预测里程	预测 x 值	预测里程	预测 x 值	预测里程	预测 x 值	预测里程	x 值	残差值
51.63636	6.94968	55.45455	7.22222	59.27273	7.98778	63.09091	9.41951	66.90909	10.92682	70.09091	11.74155	54	0.11022
51.84848	6.9577	55.66667	7.24844	59.48485	8.05117	63.30303	9.51006	67.12121	10.99568	70.30303	11.78023	55	0.12896
52.06061	6.96631	55.87879	7.27626	59.69697	8.11688	63.51515	9.60068	67.33333	11.06245	70.51515	11.81719	56	0.14711
52.27273	6.97555	56.09091	7.30572	59.90909	8.18485	63.72727	9.69119	67.54545	11.12712	70.72727	11.8525	57	0.08763
52.48485	6.98546	56.30303	7.33692	60.12121	8.25507	63.93939	9.78141	67.75758	11.18966	70.93939	11.8862	58	0.05376
52.69697	6.99608	56.51515	7.3699	60.33333	8.32745	64.15152	9.87114	67.9697	11.25007	71.15152	11.91836	59	-0.10969
52.90909	7.00746	56.72727	7.40474	60.54545	8.40195	64.36364	9.96023	68.18182	11.30836	71.36364	11.94902	60	-0.24467
53.12121	7.01964	56.93939	7.4415	60.75758	8.47848	64.57576	10.0485	68.39394	11.36455	71.57576	11.97824	61	-0.0183
53.33333	7.03268	57.15152	7.48025	60.9697	8.55694	64.78788	10.1358	68.60606	11.41864	71.78788	12.00609	62	0.15821
53.54545	7.04662	57.36364	7.52105	61.18182	8.63724	65	10.22197	68.81818	11.47067	72	12.03261	63	-0.06077
53.75758	7.06151	57.57576	7.56394	61.39394	8.71924	65.21212	10.30687	69.0303	11.52067	73	12.1797	64	-0.0471
53.9697	7.07743	57.78788	7.60899	61.60606	8.80283	65.42424	10.39037	69.24242	11.56867	74	12.2267	65	0.07803
54.18182	7.09441	58	7.65624	61.81818	8.88787	65.63636	10.47235	69.45455	11.61471	74.537	12.2648	66	-0.00902
54.39394	7.11252	58.21212	7.70573	62.0303	8.9742	65.84848	10.55269	69.66667	11.65884	75		67	0.04341
54.60606	7.13182	58.42424	7.7575	62.24242	9.06167	66.06061	10.63129	69.87879	11.7011			72	-0.03261

第4章　铁路货运发展演化的区域空间特征分析

4.1　空间单元融合算法

4.1.1　理论来源

1. 可塑性面积单元问题

要进行区域空间特征分析，首先要进行空间数据采集，而采集的数据通常都具有多粒度和多尺度的特点，随着研究粒度和区划方式的差异，属性数据间的关系也常常会发生变化，可塑性面积单元问题（modifiable areal unit problem，MAUP）由此产生[126]。Openshaw（1979）等提出了 MAUP 这一概念，可以理解为"对于呈现连续地理现象的空间单元由于划分方式的不同产生了空间模式的差异而导致的相关问题"[127]。MAUP 表现出来的效应主要包括两个方面：一是对同一地理区域进行空间分析时，由于分辨率和尺度的不同，研究的结果会出现差异，这种差异称之为尺度效应；二是对同一区域进行空间分析时，由于区域空间划分的结果不同，研究的结果也会出现差异，这种差异称之为区划效应。二者都与区域空间划分标准的不同有关[128]。近年来，MAUP 效应问题已经成为了地理学界研究的热点问题，大量的研究结果显示，MAUP 效应普遍存在[129-131]。对于本书而言，在进行铁路货运区域空间划分的过程中，不同的区域空间划分方法可能会出现不同的划分结果，而应用不同的划分结果来进行铁路货运发展演化的区域空间特征分析时，分析结论也会发生变化，从而也会产生可塑性面积单元问题中的区划效应。由此可见，选择合理的区域空间划分方法是保证铁路货运发展演化区域空间特征分析结果合理性的基础。

2. 尺度空间融合理论

前文在运输区域划分理论研究综述中已经分析出，目前对于运输区域的划分通常是以空间单元的个体属性数据作为划分依据，而往往忽视了各单元间的空间依赖关系。地理学第一定律的发现者 Tobler 提出："任何事物都具有相关性，而相邻的事物之间的关联往往更为紧密"。从而为本书提供了应从相邻空间单元之间的依赖关系入手来寻求铁路货运区域空间划分方法的选择思路。Lindebegr T（1994）在对计算机视觉研究中提出了尺度空间融合理论，为各领域的聚类分析提供了一个新颖的生物学观点。该理论的思想来源主要是将空间中的每一个空间单元作为一个光点，从而形成一个完整的空间图像。当对空间图像进行模糊处理时，各相邻光点首先融合成若干个光斑，随着模糊尺度的不同，光斑也由小到大，最后使整个空间图像形成一个大光斑。研究者可以根据自己的研究尺度，来选择光斑的大小，从而形成了区域空间的划分[132]。由此可以看出，尺度空间融合理论充分考虑了空间单元之间，尤其是相邻空间单元之间的相互作用和传递关系，通过相邻空间单元的不断融合来进行区域空间的划分。这也为本书提出的空间单元融合算法提供了思想来源。

3. 空间运输联系理论

空间单元融合算法的关键在于如何准确判定出空间单元之间的依赖关系，空间运输联系理论提供了一个很好的解决思路。空间运输联系理论的重要意义在于，能充分认识空间内各空间单元的运输联系方向和特征，并且能够判定出各空间单元之间的空间运输联系强度。20 世纪 50 年代以前，空间运输联系的研究主要以定性为主，所采用的定量方法也较为简单，侧重在统计分析和简单假设条件下万有引力定律的应用。随着各学科理论及计算机技术的发展，20 世纪 70 年代出现了许多有价值的系统分析模型，如最大熵模型、威尔逊模型以及阿隆索模型等，这些模型为空间运输联系，尤其为客货流联系研究方面提供了理论基础。20 世纪 80 年代以来，在既有系统模型的求解方面和应用领域取得了新的进展，同时对运输系统的模型预测研究也成为主要研究方向，并随着计算机技术的提高出现了专门用于空间分析的计算机软件和系统，为运输联系的定量研究提供了可靠的先进手段[133]。张文尝（1993）等归纳总结了空间运输联系的理论基础和基本规律，在此基础上，从实证分析入手，系统研究了我国空间运输联系的生成差异与特征、增长趋势及地域类型、空间分布格局及演变以及客货运联系空间的交流变化特征[133]，从而引发了国内学术界尤其是交通运输地理学界对空间运输联系理论的广泛关注。这些理论为本书提出空间单元融合算法提供了模型参考。而目前基础资料的充实，比如铁路货运 O-D 流资料的发布以及计算机辅助系统的应用，也为本书提出的空间单元融合算法提供了数据基础和计算保证。

4.1.2　流程分析

空间单元融合算法的流程为：在选定空间范围的基础上，选择适当的空间单元并形成空间单元集合，根据空间单元之间的相邻关系建立空间权重矩阵，计算相邻空间单元之间的运输联系强度，从而建立空间单元运输联系强度矩阵，在矩阵中，按照各空间单元间联系强度的大小顺序依次进行空间融合，最终将所有的空间单元融合成不同的空间范围，从而得到空间区域划分的初始结果。然后再根据实际研究的尺度需求判断是否需要将初始结果划分的空间范围再次进行融合，直到得到的融合结果满足研究的尺度需求为止。算法流程中各步骤的具体解释如下：

Step1：选择空间范围 S；

Step2：确定空间单元集合 $S_i : i = 1, \cdots, n$ ，令 $S = \{S_1, S_2, \cdots, S_n\}$；

Step3：根据空间单元之间的相邻关系建立空间权重矩阵 W 及 W'；

空间权重矩阵 W 由各空间单元之间的影响权重 w_{ij} 组成，即 $W = (w_{ij} : i, j = 1, \cdots, n)$，每一个影响权重 w_{ij} 都反映了各空间单元之间的空间影响。

$$W = \begin{bmatrix} w_{11} & w_{12} & \cdots & w_{1n} \\ w_{21} & w_{22} & \cdots & w_{2n} \\ \vdots & \vdots & & \vdots \\ w_{n1} & w_{n1} & \cdots & w_{nn} \end{bmatrix}$$

通过预定的标准，为排除各空间单元的"自我影响"，在空间单元融合算法中设定所有的空间单元相对自身不存在空间的影响，即当 $i = j$ 时，$w_{ij}=0$，这样使空间矩阵 W 具有了零对角线的形式 W'，即

$$W' = \begin{bmatrix} 0 & w_{12} & \cdots & w_{1n} \\ w_{21} & 0 & \cdots & w_{2n} \\ \vdots & \vdots & & \vdots \\ w_{n1} & w_{n1} & \cdots & 0 \end{bmatrix} \qquad （4.1.1）$$

这种空间矩阵形式在空间特征分析的具体实践中应用很广，例如基于距离的权重分析，基于边界的权重分析和基于距离-边界的权重分析等。根据地

理学第一定律的推论："空间单元在存在共同的边界的情况下，空间融合的几率最大"。因此本书基于边界角度来确定各空间单元之间的影响权重，并构建空间权重矩阵。

基于边界角度最直观的判定影响权重的方法就是根据各空间单元的边界是否共享来判定，将空间单元 S_i 的空间边界定义为 $bnd(i)$，空间单元 S_j 的空间边界定义为 $bnd(j)$，如果 S_i 和 S_j 有共同边界，则两者的影响权重为 1，反之为 0，即

$$w_{ij} = \begin{cases} 1 & , bnd(i) \cap bnd(j) \neq \varnothing \\ 0 & , bnd(i) \cap bnd(j) = \varnothing \end{cases}$$

由此，空间权重矩阵 W 转变成为了 0-1 矩阵。

Step4：确定空间运输联系强度模型，计算空间单元间的空间运输联系强度 f_{ij}，令：

$$f_{ij} = \begin{cases} f_{ij} & , w_{ij} = 1 \\ 0 & , w_{ij} = 0 \end{cases}$$

空间运输联系强度模型是从系统角度出发，根据各空间单元间的 O-D 矩阵数据，考虑空间单元间交流的双向性建立起来的，是用于判断空间单元之间运输关联强弱的定量模型[133]。其关系式如下：

$$f_{ij} = a_i \frac{O_{ij}}{O_i} + a_i \frac{D_{ij}}{D_i} + a_j \frac{D_{ij}}{O_j} + a_j \frac{O_{ij}}{D_j} \quad (i,j = 1,2,\cdots,n) \tag{4.1.2}$$

式中　　f_{ij}——空间单元 i，j 间的空间运输联系强度；

O_{ij}——从空间单元 i 到 j 的运量；

D_{ij}——从空间单元 j 到 i 的运量；

O_i，O_j——空间单元 i，j 的输出总量；

D_i，D_j——空间单元 i，j 的输入总量；

a_i，a_j——标准化系数；

n——空间单元个数。

标准化系数 a_i，a_j 的设置是为了进行标准化处理，使不同空间单元间的空间运输联系强度具有可比性，在实际运用过程中可根据研究的实际需要进行标定。

$$a_i = \frac{G_i}{G} \quad a_j = \frac{G_j}{G} \qquad\qquad （4.1.3）$$

式中　　G_i，G_j，G——根据研究需要而选定的空间单元 i, j 以及空间范围的指标值。

Step5：根据计算出的 f_{ij} 建立空间联系强度矩阵 F。

$$F = \begin{bmatrix} 0 & f_{12} & \cdots & f_{1n} \\ f_{21} & 0 & \cdots & f_{2n} \\ \vdots & \vdots & & \vdots \\ f_{n1} & f_{n1} & \cdots & 0 \end{bmatrix} \qquad\qquad （4.1.4）$$

从模型的基本形式可以看出，空间运输联系强度模型中由于输入的数据需要 O-D 矩阵作为支撑，在实际计算中计算量较大，导致错误率较高。因此本书运用 GAMS 软件进行编程，通过计算机自动实现空间运输联系强度矩阵的输出。空间运输联系强度矩阵 GAMS 程序流程图如图 4-1 所示。为检验程序的合理性，本书随机选用了一个检验 O-D 矩阵（4×4），并输入标准化系数，代入程序进行程序运行，运行得到的空间联系强度矩阵结果与手算结果完全符合，检验矩阵的 GAMS 语言程序详见附录 1。

Step6：选择每一个空间单元作为起点单元 S_i，选择与 S_i 空间运输联系强度最大 $\max f_{ij}$ 的空间单元 S_j 进行融合，直到所有的空间单元都没有向外连接的终止单元，则空间范围被融合成若干个空间集合 C_k，并得到空间融合结果 $S = (C_1, C_2, \cdots, C_k)$。

Step7：如果融合结果 S 不满足研究的尺度需求，则将 C_k 作为空间单元，返回 Step3，再次进行空间融合。如此循环，直到得到的空间融合结果符合研究的尺度需求为止，即 $S' = (C_1, C_2, \cdots, C_{k'}, k' \leqslant k)$。

由空间单元融合算法可以看出，根据此算法进行单行搜索时，可能会出现 $k=1$ 的情况，即空间范围内只有一个空间中心单元，其他的空间单元都是单向搜索并向空间中心单元融合。而本书运用此算法进行区域空间特征分析的目的是得出的结论只有当 $k \geqslant 2$ 时，此算法在实际应用中才有意义，所以在进行空间单元的属性数据分析时，对空间范围及空间单元的初始选取应格外注意，应在算法开始前确定空间范围空间单元应具有属性差异，以避免 $k=1$ 的情况出现。

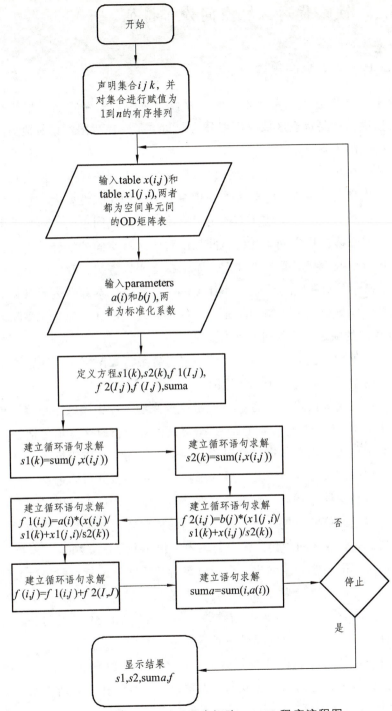

图 4-1　空间运输联系强度矩阵 GAMS 程序流程图

4.2 铁路货运区域空间分布特征

4.2.1 确定空间单元

由于铁路货运区域空间划分的主要目是对国家铁路货运规划的有效衔接，所以进行铁路货运区域空间划分的空间单元应在我国铁路所覆盖的货运网络空间范围内确定。

在地理分析中，Kolaczyk（2011）等提出用来解决尺度转换问题的"多尺度统计模型"，一般来说，较大的地理单元之间的相关性要大于较小的地理单元之间的相关性[134]。但是在实际运用中，并不是空间单元的地理范围越大越好，如何准确把握空间单元的空间尺度对于区域空间的划分结果是否真正具有实用价值起着极其重要的作用。本书拟运用以省级行政区省会或首府作为节点，基于最短距离的原则，运用 Arcgis 软件生成泰森多边形以确定铁路货运区域空间划分的基本空间单元。虽然理论效果很好，但是在实际运用由于 O-D 数据的缺乏并不能进行实际运用。

经过文献和数据查询，本书最后确定以省级行政区来作为铁路货运区域空间划分的空间单元，基于以下原因：

（1）目前我国铁路货运的 O-D 数据主要来源于《中国铁路年鉴》和《中国交通年鉴》，年鉴中选取的 O-D 数据都是以省级行政区（不包括香港、澳门和台湾）作为基本单位进行铁路货运的交流传输。而省级行政区是否为铁路货运区域空间划分空间单元的最佳选择还需进一步分析确定。

（2）对我国铁路货运实际流量数据进行实证分析可以得出，随着铁路网的完善和国民经济的发展，省级行政区间的铁路货运交流量占铁路货运量的比重不断提高，各区间货物的输出与输入规模不断增大。2000 年全国省级行政区间铁路单向（输入或输出，全国省级行政区间铁路货运输出量与输入量基本相等）货运交流量为 10.85 亿吨，占铁路总货运量的 65.53%；到 2006年，单向交流量达 17.19 亿吨，占铁路总货运量的 70.35%，说明铁路货运交流愈来愈以沟通省级行政区间运输联系为主[135]。

由数据可知性和我国铁路货运交流以省级行政区间为主的特征可以得出，铁路货运区域空间划分应以省、直辖市、自治区作为空间单元标定，省级行政区包括直辖市和自治区，目前不包括香港、澳门和台湾，中国共有 31

个省级行政区域。从我国省级行政区地理区位图可以看出，与北京、天津地域相连接的只有河北省，即可以将北京、天津和河北首先融合成一个空间单元。同理，四川和重庆、海南和广东也分别融合成一个空间单元。根据内蒙古的地理走向和铁路线路布局的实际特点，可打破其行政区域，将其东部（呼伦贝尔）和中西部各自作为独立的空间单元。最后确定铁路货运区域空间划分的空间单元的一共为28个，见表4-1。

表 4-1　我国铁路货运空间单元代码表

地区代码	地区名称	空间单元代码	地区代码	地区名称	空间单元代码
110000	北京	S_1	410000	河南	S_{15}
120000	天津	S_1	420000	湖北	S_{16}
130000	河北	S_1	430000	湖南	S_{17}
140000	山西	S_2	440000	广东	S_{18}
150000	内蒙古中西	S_3	450000	广西	S_{19}
150000	内蒙古东	S_4	460000	海南	S_{18}
210000	辽宁	S_5	500000	重庆	S_{20}
220000	吉林	S_6	510000	四川	S_{20}
230000	黑龙江	S_7	520000	贵州	S_{21}
310000	上海	S_8	530000	云南	S_{22}
320000	江苏	S_9	540000	西藏	S_{23}
330000	浙江	S_{10}	610000	陕西	S_{24}
340000	安徽	S_{11}	620000	甘肃	S_{25}
350000	福建	S_{12}	630000	青海	S_{26}
360000	江西	S_{13}	640000	宁夏	S_{27}
370000	山东	S_{14}	650000	新疆	S_{28}

4.2.2　建立运输联系强度矩阵

根据空间融合算法中的 step3，首先定义各空间单元内部对自身内部的空间影响权重为 0，从而保证空间矩阵具有零对角线的形式。然后根据边界相邻原则，当两个空间单元有共有边界时，权重为 1，反之权重为 0，则得到铁路货运各空间单元之间的空间权重矩阵 W'，如图 4-2 所示。

根据空间运输联系强度计算公式（式 4.1.2）的计算要求，需要代入空间单元间的铁路货流 O-D 数据和标准化系数，根据目前所能查阅的我国最新的铁路货流 O-D 数据，将 2013 年中国交通年鉴中的 "2012 国家铁路行政区域间货物交流表" 矩阵作为铁路货流 O-D 的数据来源[136]，为了突出铁路货运发展演化的本体特性，本书选用相邻空间单元内发送和到达的运输总量和空间范围内运输总量的比值来分别确定相邻空间单元的标准化系数 a_i 和 a_j。将 O-D 数据和标准化系数调入空间运输联系系数强度矩阵 GAMS 程序，提取图 4-2 中权重为 1 的空间运输联系强度，可得我国铁路货运空间运输联系强度矩阵，如图 4-3 所示。

权重系数	北京天津河北	山西	内蒙古中西部	内蒙古东部	辽宁	吉林	黑龙江	上海	江苏	浙江	安徽	福建	江西	山东	河南	湖北	湖南	广东海南	广西	四川重庆	贵州	云南	西藏	陕西	甘肃	青海	宁夏	新疆
北京天津河北	0	1	1	0	0	1	0	0	0	0	0	0	0	1	1	0	0	0	0	0	0	0	0	0	0	0	0	0
山西	1	0	1	0	0	0	0	0	0	0	0	0	0	0	1	0	0	0	0	0	0	0	0	1	0	0	0	0
内蒙古中西部	1	1	0	0	0	0	0	0	0	0	0	0	0	0	0	0	0	0	0	0	0	0	0	1	1	0	1	0
内蒙古东部	0	0	0	0	1	1	1	0	0	0	0	0	0	0	0	0	0	0	0	0	0	0	0	0	0	0	0	0
辽宁	1	0	0	1	0	1	0	0	0	0	0	0	0	0	0	0	0	0	0	0	0	0	0	0	0	0	0	0
吉林	0	0	0	1	1	0	1	0	0	0	0	0	0	0	0	0	0	0	0	0	0	0	0	0	0	0	0	0
黑龙江	0	0	0	1	0	1	0	0	0	0	0	0	0	0	0	0	0	0	0	0	0	0	0	0	0	0	0	0
上海	0	0	0	0	0	0	0	0	1	1	0	0	0	0	0	0	0	0	0	0	0	0	0	0	0	0	0	0
江苏	0	0	0	0	0	0	0	1	0	1	1	0	0	1	0	0	0	0	0	0	0	0	0	0	0	0	0	0
浙江	0	0	0	0	0	0	0	1	1	0	1	1	1	0	0	0	0	0	0	0	0	0	0	0	0	0	0	0
安徽	0	0	0	0	0	0	0	0	1	1	0	0	1	1	1	1	0	0	0	0	0	0	0	0	0	0	0	0
福建	0	0	0	0	0	0	0	0	0	1	0	0	1	0	0	0	0	1	0	0	0	0	0	0	0	0	0	0
江西	0	0	0	0	0	0	0	0	0	1	1	1	0	0	0	1	1	1	0	0	0	0	0	0	0	0	0	0
山东	1	0	0	0	0	0	0	0	1	0	1	0	0	0	1	0	0	0	0	0	0	0	0	0	0	0	0	0
河南	1	1	0	0	0	0	0	0	0	0	1	0	0	1	0	1	0	0	0	0	0	0	0	1	0	0	0	0
湖北	0	0	0	0	0	0	0	0	0	0	1	0	1	0	1	0	1	0	0	1	0	0	0	1	0	0	0	0
湖南	0	0	0	0	0	0	0	0	0	0	0	0	1	0	0	1	0	1	1	1	1	0	0	0	0	0	0	0
广东海南	0	0	0	0	0	0	0	0	0	0	0	1	1	0	0	0	1	0	1	0	0	0	0	0	0	0	0	0
广西	0	0	0	0	0	0	0	0	0	0	0	0	0	0	0	0	1	1	0	0	1	1	0	0	0	0	0	0
四川重庆	0	0	0	0	0	0	0	0	0	0	0	0	0	0	0	1	1	0	0	0	1	1	1	1	1	0	0	0
贵州	0	0	0	0	0	0	0	0	0	0	0	0	0	0	0	0	1	0	1	1	0	1	0	0	0	0	0	0
云南	0	0	0	0	0	0	0	0	0	0	0	0	0	0	0	0	0	0	1	1	1	0	1	0	0	0	0	0
西藏	0	0	0	0	0	0	0	0	0	0	0	0	0	0	0	0	0	0	0	1	0	1	0	0	0	1	0	1
陕西	0	1	1	0	0	0	0	0	0	0	0	0	0	0	1	1	0	0	0	1	0	0	0	0	1	0	1	0
甘肃	0	0	1	0	0	0	0	0	0	0	0	0	0	0	0	0	0	0	0	1	0	0	0	1	0	1	1	1
青海	0	0	0	0	0	0	0	0	0	0	0	0	0	0	0	0	0	0	0	0	0	0	1	0	1	0	0	1
宁夏	0	0	1	0	0	0	0	0	0	0	0	0	0	0	0	0	0	0	0	0	0	0	0	1	1	0	0	0
新疆	0	0	0	0	0	0	0	0	0	0	0	0	0	0	0	0	0	0	0	0	0	0	1	0	1	1	0	0

图 4-2 　铁路货运空间权重矩阵

运输联系强度	北京天津河北	山西	内蒙古中西部	内蒙古东部	辽宁	吉林	黑龙江	上海	江苏	浙江	安徽	福建	江西	山东	河南	湖北	湖南	广东海南	广西	四川重庆	贵州	云南	西藏	陕西	甘肃	青海	宁夏	新疆
北京天津河北	0	0.298	0.082	0	0.014	0	0	0	0	0	0	0	0	0.059	0.01	0	0	0	0	0	0	0	0	0	0	0	0	0
山西	0.298	0	0.006	0	0	0	0	0	0	0	0	0	0	0	0.03	0	0	0	0	0	0.03	0	0	0.03	0	0	0	0
内蒙古中西部	0.082	0.006	0	0	0	0	0	0	0	0	0	0	0	0	0	0	0	0	0	0	0	0	0	0.016	0	0.01	0	0
内蒙古东部	0	0	0	0	0.09	0.05	0.056	0	0	0	0	0	0	0	0	0	0	0	0	0	0	0	0	0	0	0	0	0
辽宁	0.014	0	0	0.09	0	0.06	0	0	0	0	0	0	0	0	0	0	0	0	0	0	0	0	0	0	0	0	0	0
吉林	0	0	0	0.05	0.059	0	0.032	0	0	0	0	0	0	0	0	0	0	0	0	0	0	0	0	0	0	0	0	0
黑龙江	0	0	0	0.056	0	0.03	0	0	0	0	0	0	0	0	0	0	0	0	0	0	0	0	0	0	0	0	0	0
上海	0	0	0	0	0	0	0	0	0.002	0.002	0	0	0	0	0	0	0	0	0	0	0	0	0	0	0	0	0	0
江苏	0	0	0	0	0	0	0	0.002	0	0.002	0.032	0	0	0.013	0	0	0	0	0	0	0	0	0	0	0	0	0	0
浙江	0	0	0	0	0	0	0	0.002	0.002	0	0.009	0.003	0.01	0	0	0	0	0	0	0	0	0	0	0	0	0	0	0
安徽	0	0	0	0	0	0	0	0	0.032	0.009	0	0	0.01	0.01	0.01	0.01	0	0	0	0	0	0	0	0	0	0	0	0
福建	0	0	0	0	0	0	0	0	0	0.003	0	0	0.01	0	0	0	0	0.003	0	0	0	0	0	0	0	0	0	0
江西	0	0	0	0	0	0	0	0	0	0.016	0.01	0.018	0	0	0	0.01	0.005	0	0	0	0	0	0	0	0	0	0	0
山东	0.059	0	0	0	0	0	0	0	0.013	0	0.01	0	0	0	0.01	0	0	0	0	0	0	0	0	0	0	0	0	0
河南	0.011	0.029	0	0	0	0	0	0	0	0	0.01	0	0	0.034	0	0.02	0	0	0	0	0	0	0	0.01	0	0	0	0
湖北	0	0	0	0	0	0	0	0	0	0	0.007	0	0.01	0	0.02	0	0.01	0	0	0.009	0	0	0	0.01	0	0	0	0
湖南	0	0	0	0	0	0	0	0	0	0	0	0	0.01	0	0	0.01	0	0.027	0.02	0.004	0.006	0	0	0	0	0	0	0
广东海南	0	0	0	0	0	0	0	0	0	0	0	0.003	0.01	0	0	0	0.03	0	0	0	0	0	0	0	0	0	0	0
广西	0	0	0	0	0	0	0	0	0	0	0	0	0	0	0	0	0.023	0	0	0.014	0.02	0.01	0	0	0	0	0	0
四川重庆	0	0	0	0	0	0	0	0	0	0	0	0	0	0	0	0.01	0.02	0	0.014	0.02	0.01	0.01	0.006	0	0	0	0	0
贵州	0	0	0	0	0	0	0	0	0	0	0	0	0	0	0	0	0.02	0.014	0	0.01	0.01	0	0	0	0	0	0	0
云南	0	0	0	0	0	0	0	0	0	0	0	0	0	0	0	0	0.03	0.014	0	0.01	0	0	0	0	0	0	0	0
西藏	0	0	0	0	0	0	0	0	0	0	0	0	0	0	0	0	0.02	0.018	0.009	0	0	0	0	0	0	0	0	0
陕西	0	0.03	0.004	0	0	0	0	0	0	0	0	0	0	0	0.0056	0	0	0	0.01	0	0	0	0	0	0	0	0	0
甘肃	0	0	0.016	0	0	0	0	0	0	0	0	0	0	0	0.01	0.01	0	0	0	0	0	0	0.009	0.01	0	0	0	0
青海	0	0	0	0	0	0	0	0	0	0	0	0	0	0	0	0	0	0	0.006	0	0	0.01	0.01	0.01	0.01	0.02	0	0
宁夏	0	0	0.007	0	0	0	0	0	0	0	0	0	0	0	0	0	0	0	0.01	0.01	0.007	0.01	0	0	0	0	0	0
新疆	0	0	0	0	0	0	0	0	0	0	0	0	0	0	0	0	0	0	0.011	0.01	0	0	0	0.022	0.01	0	0	0

图 4-3 　铁路货运空间运输联系强度矩阵

4.2.3 区域空间划分

从图 4-3 中可知每一个空间单元和其相邻单元的空间运输联系强度，根据强度的大小，可以得出与每一个空间单元的各相邻单元运输联系关联次序，见表 4-2。

表 4-2　空间单元的各相邻单元空间运输联系关联次序表

空间单元	空间运输联系强度次序				
	1	2	3	4	5
北京天津河北	山西	内蒙古中西	山东	辽宁	河南
山西	北京天津河北	陕西	河南	内蒙古中西	
内蒙古中西	北京天津河北	甘肃	宁夏	山西	陕西
内蒙古东	辽宁	黑龙江	吉林		
辽宁	内蒙古东	吉林	北京天津河北		
吉林	辽宁	内蒙古东	黑龙江		
黑龙江	内蒙古东	吉林			
上海	江苏浙江				
江苏	安徽	上海浙江	山东		
浙江	江西	安徽	福建	上海江苏	
安徽	江苏	江西河南	浙江	湖北	
福建	江西	浙江	广东海南		
江西	福建	浙江	安徽湖南	湖北广东海南	
山东	北京天津河北	河南	江苏		
河南	山东	山西	湖北	北京天津河北	安徽陕西
湖北	河南	四川重庆	安徽湖南陕西	江西	
湖南	广东海南	广西	江西	湖北	贵州
广东海南	湖南	广西	江西	福建	
广西	贵州	广东海南	云南	湖南	
四川重庆	西藏	贵州	陕西	湖北	甘肃
贵州	广西	四川重庆	云南	湖南	
云南	广西	四川重庆	贵州	西藏	

空间单元	空间运输联系强度次序				
	1	2	3	4	5
西藏	四川重庆	青海			
陕西	山西	河南四川重庆	甘肃	湖北	内蒙古中西
甘肃	新疆	宁夏	内蒙古中西	陕西	四川重庆
青海	甘肃	西藏	四川重庆新疆		
宁夏	甘肃	内蒙古中西			
新疆	甘肃	青海			

按照空间融合算法的 step5,将每一个空间单元和其运输联系强度最大的空间单元融合,据此类推,直到所有的空间单元都没有外接单元为止。例如内蒙古东部与辽宁的运输联系强度最大,为 0.09,所以将两者融合;吉林与辽宁的运输联系强度最大,为 0.06,将两者融合,黑龙江与内蒙古东部运输联系强度最大,为 0.06,将两者融合,这时上述空间单元再无外接单元,所以将黑龙江、吉林、辽宁和内蒙古东部融合成一个区域空间。同理对所有的空间单元进行融合,最终可以将我国铁路货运空间范围划分成 6 个运输区域[1],每一个运输区域的空间单元组成见表 4-3。

表 4-3　铁路货运区域空间的组成

序号	区域代码	区域名称	空间单元
1	C_1	东北区	内蒙古东部,黑龙江,吉林,辽宁
2	C_2	中部区	北京,天津,河北,山西,河南,湖北,陕西,山东,内蒙古中西部
3	C_3	东部区	上海,江苏,浙江,安徽,江西,福建
4	C_4	南部区	广东,湖南,海南
5	C_5	西南区	广西,贵州,四川,重庆,云南
6	C_6	西部区	甘肃,宁夏,青海,新疆,西藏

① 根据和西藏相邻的空间单元的运输联系强度可知,四川与其联系强度最大,但是由于四川到西藏的铁路还是通过青海运输,所以将与西藏运输联系强度居次位的青海作为最适合的相邻单元进行融合。

4.3 铁路货运区域空间演化特征

4.3.1 运输联系特征

根据我国铁路货运区域空间的划分结果及各区域相邻空间单元的最大空间运输联系强度，可得各货运区域空间的运输强度 f_{c_k}，求解公式为：

$$f_{c_k} = \frac{\sum f_{ij}^{c_k}}{n}$$

（4.3.1）

式中　f_{c_k}——铁路货运区域空间 k 的运输强度；

$f_{ij}^{c_k}$——区域空间 k 中各空间单元与相邻空间单元的最大空间运输联系系数；

n——区域空间内空间单元的个数。

根据公式（4.3.1），进一步可以求得铁路货运各区域空间的平均运输强度，即铁路货运整体空间运输强度 $\overline{f}$，求解公式为：

$$\overline{f} = \frac{\sum f_{c_k}}{k}$$

（4.3.2）

式中　$\overline{f}$——铁路货运整体空间运输强度；

k——铁路货运空间范围内区域空间的个数。

根据以上公式可以得出我国铁路货运整体及各区域空间运输强度，如图 4-4 所示。由图中可以看出，目前我国铁路货运各区域空间的运输强度呈现

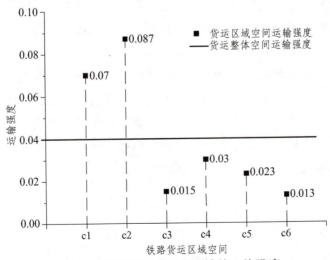

图 4-4　铁路货运各运输区域的运输强度

明显的不均衡分布特征,东北区和中部区的运输强度为 0.070 和 0.087,均大于铁路货运空间的整体运输强度 0.040;而东部区(0.015),南部区(0.030),西南区(0.023)和西部区(0.013)均低于整体运输强度。出现这种不均衡分布特征的原因是由于不同区域由于经济水平和工业化特征不同,其铁路货运需求在规模、结构、层次上将产生差异。因此,本书结合各区域的经济水平及工业化特征,对各区域空间呈现的不同运输强度特征和分异规律进行综合分析,将我国铁路货运的 6 大运输区域划分为提升区域、重点区域和发展区域三种类型,结合帅斌(2013)对我国运输经济区域的划分结果及区域发展的研究结论[78],得出了不同货运区域空间发展演化的功能定位和规划目标。

(1)提升区域包括东部区和南部区,该类区域主要位于我国东南沿海,经济水平较高,轻工业比较发达,货物运输多采用公路及水路运输方式,铁路运输在综合运输体系中所占的比例较低,因此运输强度较低。因此,该区域铁路在进行发展规划时,应在继续提高铁路基础设施建设的同时,注重综合运输体系设计的理念,实现与其他运输方式的有效衔接,尤其是加强水铁联运通道的建设,服务于沿海港口腹地,充分发挥铁路在综合运输体系中的作用与功能。

(2)重点区域包括东北区和中部区,该类区域主要位于我国的东北和中部地区,是我国传统的能源基地,重工业比较发达,同时也是连贯我国东西部地区的纽带,铁路的运输强度较高。针对该类运输区域在进行铁路发展规划时,应优先考虑覆盖区域内重要的能源产地,构建和强化能源通道,着重体现对高强度的货流输送、煤炭运输以及港口集疏运系统的规划与建设。

(3)发展区域包括西南区和西部区,该类区域主要位于我国的西部地区,经济发展水平相对落后,铁路运输运输强度较低,自然资源丰富,边境地区具有重要的军事战略地位。在"一带一路"倡议的推动下,该区域国际间的经济贸易将愈加频繁,货运需求也会逐年提高,所以针对该类运输区域的铁路发展规划,应加快铁路基础设施建设,拓展货运网络的覆盖面,提高主要货运节点的可达性,刺激该区域经济的增长。

4.3.2 货物流向特征

通过对铁路货流的 O-D 数据进行整理,得到铁路货运各区域空间内部的货运交流量 Q_{intra}、区域内输出的货运总流量 Q_{output} 和区域内输入的货运总流量

Q_{input}，并计算区域内部货运交流量分别占区域内输出货运总流量和区域内输入货运总流量的百分比Q_{intra}/Q_{output}和Q_{intra}/Q_{input}。货运流量数据和计算结果见表4-4。

表 4-4　铁路货运区域空间货运流量数据及相关数据比值

序号	铁路货运区域空间	Q_{intra} （万吨）	Q_{output} （万吨）	Q_{input} （万吨）	Q_{intra}/Q_{output} （%）	Q_{intra}/Q_{input} （%）
1	C_1	63 795	82 465	70 814	77.4	90.1
2	C_2	136 381	184 808	154 188	73.8	88.5
3	C_3	22 975	33 300	40 614	69	56.6
4	C_4	7 102	14 190	17 130	41.5	50
5	C_5	35 541	42 352	54 324	76.5	75.7
6	C_6	10 872	21 856	16 766	49.7	76.7

注：表中数据根据《2013 年中国交通年鉴》中"2012 国家铁路行政区域间货物交流表"整理得出。

根据表 4-4 后两列得到的百分比数据，得到区域内向外部区域输出的货运流量和区域内输出货运总流量的百分比$1-Q_{intra}/Q_{output}$和外部区域向区域内输入的货运流量和区域内输入货运总流量的百分比$1-Q_{intra}/Q_{input}$。从而绘制各区域铁路货运输出货流特征图和输入货流特征图，如图 4-5 和图 4-6 所示。据此对铁路货运各区域的货流特征进行分析。

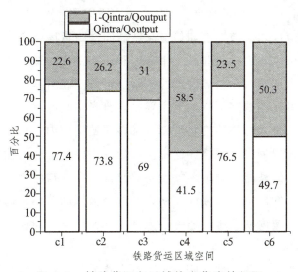

图 4-5　铁路货运各区域输出货流特征图

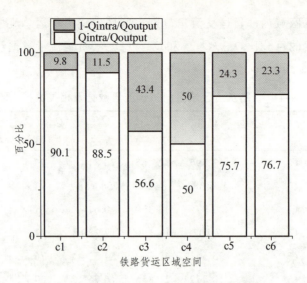

图 4-6　铁路货运各区域输入货流特征图

　　从图 4-5 可以看出，东北区、中部区、东部区和西南区的铁路货流输出特点主要是向内部输出，内部输出的铁路货运量占输出总量的 75%左右，这些区域各空间单元的铁路货物输出主要是向自身空间区域和区域内其他空间单元输出为主，输出的铁路货物大部分都在区域空间内部消化，所以这四个区域的货运通道规划应该围绕如何提高区域内铁路货运通道输出水平为主。西部区和南部区的铁路货物输出则呈现区域内铁路货物向区域内输出和向区域外输出的比重大致相同的特点，但从总体来看以外部输出为主，所以这两个区域的货运通道规划应该围绕如何提高区域间铁路货运通道输出水平为主。

　　从图 4-6 可以看出，东北区、中部区和西南区和西部区的铁路货流输入特点主要是向内部输入，内部输入的铁路货运量占输出总量的 75%以上，这些区域各空间单元的铁路货物输入主要是向自身空间区域和区域内其他空间单元输入为主，输入的铁路货物大部分都在区域空间内部消化，所以这四个区域的货运通道规划应该围绕如何提高区域内铁路货运通道输入水平为主。东部区和南部区的铁路货物输入特点主要是区域内的铁路货物向区域内输入和向区域外输入的比重大致相同，所以这两个区域的铁路货运通道规划应该围绕如何提高区域内铁路货运通道输入水平和提高区域间铁路货运通道输入水平并行。

　　通过对铁路货运各区域空间输出和输入货流的特征进行分析的结论进行

总结，最终得到铁路货运各区域空间货运通道的发展演化方向，见表4-5。

表4-5　铁路货运各区域货运通道的发展演化方向

区域名称	货流输出特征	货流输入特征	货运通道发展演化方向
东北区	内部输出为主	内部输入为主	加强区域铁路货运通道建设
中部区	内部输出为主	内部输入为主	加强区域铁路货运通道建设
东部区	内部输出为主	内外部输入均衡	区域铁路货运通道和对外区域货运通道建设并行，对外偏重输出货运通道建设
南部区	外部输出为主	内外部输入均衡	区域铁路货运通道和对外区域货运通道建设并行，对外偏重输出货运通道建设
西南区	内部输出为主	内部输入为主	加强区域铁路货运并行建设
西部区	外部输出为主	内部输入为主	区域铁路货运通道和对外区域货运通道建设并行，对内偏重输入通道建设，对外偏重输出通道建设

4.3.3　演化趋势特征

上文得到的铁路货运的区域划分结果是基于 2012 年的铁路货物 O-D 矩阵数据的基础上得到的，可以代表 2012 年的铁路货运区域空间的分布特征，但是随着国民经济的发展,铁路货运各空间单元间的货流特征也会发生改变,铁路货运的区域空间也可能会发生变化，如何对远期铁路货运的区域空间分布特征进行预判，对于铁路货运的区域规划和建设则显得非常重要。在对空间运输联系模型进行研究的过程中，可以发现标准化系数 a_i 和 a_j 可以用不同的指标来进行赋值，目的是可以从不同的角度来进行各空间单元的运输联系强度。那么如果可以找到一个可以超前于铁路货运发展的指标来进行标准化系数的赋值，那么得到的区域空间划分结论就应该具有一定的超前性。管楚度（2000）指出地理因素、社会经济因素、科技因素是交通运输网络发展的主贡献因素，并且三者的速度变化关系为：地理因素<社会经济因素<科技因素，并且在交通运输网络发展演变的过程中，主贡献因素分别代表的路网地理几何特征参数变化速度<路网物性特征参数变化速度<路网技术特征参数变化速度[30]。王庆云（2007）在中国交通发展的演进过程及问题思考中也提出，中国交通基础设施发展滞后于我国经济的发展[137]，由此可以得出我国铁

路货运的发展演化滞后于国民经济的发展，所以本书采用经济指标来对标准化系数进行赋值，以期望得到的铁路货运区域空间划分结果对铁路货运区域规划与建设提供指导。因此，本书选用各空间单元的国内生产总值和我国的国内生产总值的比值作为标准化系数，运用空间融合算法再次对铁路货运的区域空间进行划分。由此得到的空间运输联系强度矩阵如图4-7所示。

运联系强度	北京天津河北	山西	内蒙古中西部	内蒙古东部	辽宁	吉林	黑龙江	上海	江苏	浙江	安徽	福建	江西	山东	河南	湖北	湖南	广东海南	广西	四川重庆	贵州	云南	西藏	陕西	甘肃	青海	宁夏	新疆
北京天津河北	0	4.421	1.672	0	0.43	0	0	0	0	0	0	0	0	2.318	0.38	0	0	0	0	0	0	0	0	0	0	0	0	0
山西	4.421	0	0.127	0	0	0	0	0	0	0	0	0	0	0	1.33	0	0	0	0	0	0	0	0	0.61	0	0	0	0
内蒙古中西部	1.672	0.127	0	0	0	0	0	0	0	0	0	0	0	0	0	0	0	0	0	0	0	0	0	0.12	0.314	0	0.1	0
内蒙古东部	0	0	0	0	2.34	1.3	1.291	0	0	0	0	0	0	0	0	0	0	0	0	0	0	0	0	0	0	0	0	0
辽宁	0.43	0	0	2.34	0	2.44	0	0	0	0	0	0	0	0	0	0	0	0	0	0	0	0	0	0	0	0	0	0
吉林	0	0	0	1.3	2.444	0	1.04	0	0	0	0	0	0	0	0	0	0	0	0	0	0	0	0	0	0	0	0	0
黑龙江	0	0	0	1.291	0	1.04	0	0	0	0	0	0	0	0	0	0	0	0	0	0	0	0	0	0	0	0	0	0
上海	0	0	0	0	0	0	0	0	0.609	0.896	0	0	0	0	0	0	0	0	0	0	0	0	0	0	0	0	0	0
江苏	0	0	0	0	0	0	0	0.609	0	0.404	1.336	0	0	0	0	0	0	0	0	0	0	0	0	0	0	0	0	0
浙江	0	0	0	0	0	0	0	0.696	0.404	0	0.804	0.519	2.41	0	0	0	0	0	0	0	0	0	0	0	0	0	0	0
安徽	0	0	0	0	0	0	0	0	3.544	0.804	0	0	0.52	0.55	0.46	0	0	0	0	0	0	0	0	0	0	0	0	0
福建	0	0	0	0	0	0	0	0	0	0.519	0	0	1.75	0	0	0	0	0.638	0	0	0	0	0	0	0	0	0	0
江西	0	0	0	0	0	0	0	0	0	2.412	0.522	1.751	0	0	0	0.36	0.97	0.744	0	0	0	0	0	0	0	0	0	0
山东	2.318	0	0	0	0	0	0	0	1.336	0	0	0	0	0	2.4	0	0	0	0	0	0	0	0	0	0	0	0	0
河南	0.383	1.334	0	0	0	0	0	0	0	0	0.545	0	0	2.443	0	1.54	0	0	0	0	0	0	0	0.67	0	0	0	0
湖北	0	0	0	0	0	0	0	0	0	0	0.46	0	0.36	0	1.54	0	0.66	0	0	0.768	0	0	0	0.83	0	0	0	0
湖南	0	0	0	0	0	0	0	0	0	0	0	0	0.97	0	0	0.66	0	4.28	1.17	0.302	0.408	0	0	0	0	0	0	0
广东海南	0	0	0	0	0	0	0	0	0	0	0	0.638	0.74	0	0	0	4.28	0	3.35	0	0	0	0	0	0	0	0	0
广西	0	0	0	0	0	0	0	0	0	0	0	0	0	0	0	0	1.17	3.349	0	1.483	1.33	0	0	0	0	0	0	0
四川重庆	0	0	0	0	0	0	0	0	0	0	0	0	0	0	0	0.77	0.3	0	0.858	0	0	1.38	0.51	0.67	0.392	0.17	0	0
贵州	0	0	0	0	0	0	0	0	0	0	0	0	0	0	0	0	0.41	0	1.48	0.858	0	0.42	0	0	0	0	0	0
云南	0	0	0	0	0	0	0	0	0	0	0	0	0	0	0	0	0	0	1.33	1.377	0.418	0	0.02	0	0	0	0	0
西藏	0	0	0	0	0	0	0	0	0	0	0	0	0	0	0	0	0	0	0	0.51	0	0.02	0	0	0	0.17	0	0.02
陕西	0	0.614	0.116	0	0	0	0	0	0	0	0	0	0	0	0.67	0.83	0	0	0	0.667	0	0	0	0	0.377	0	0	0
甘肃	0	0	0.314	0	0	0	0	0	0	0	0	0	0	0	0	0	0	0	0	0.392	0	0	0	0.38	0	0.16	0.27	0.71
青海	0	0	0	0	0	0	0	0	0	0	0	0	0	0	0	0	0	0	0	0.168	0	0	0.17	0	0.161	0	0	0.09
宁夏	0	0	0.103	0	0	0	0	0	0	0	0	0	0	0	0	0	0	0	0	0	0	0	0	0.269	0	0	0	0
新疆	0	0	0	0	0	0	0	0	0	0	0	0	0	0	0	0	0	0	0	0	0	0	0.02	0	0.711	0.09	0	0

图4-7　经济系数下铁路货运空间单元运输联系强度矩阵图

由图4-7可知在经济系数下每一个空间单元和其相邻单元的空间运输联系系数，根据系数的大小，得出与每一个空间单元相邻单元的运输联系强度的次序，见表4-6。

表4-6　经济系数下空间单元与各相邻空间单元的运输联系强度次序表

空间单元	空间运输联系强度序次				
	1	2	3	4	5
北京天津河北	山西	山东 3	内蒙古中西 2	辽宁	河南
山西	北京天津河北	河南 3	陕西 2	内蒙古中西	
内蒙古中西	北京天津河北	甘肃	山西 4	陕西 5	宁夏 3
内蒙古东	辽宁	吉林 3	黑龙江 2		
辽宁	吉林 2	内蒙古东 1	北京天津河北		
吉林	辽宁	内蒙古东	黑龙江		

空间单元	空间运输联系强度序次				
	1	2	3	4	5
黑龙江	内蒙古东	吉林			
上海	浙江	江苏1			
江苏	安徽	山东3	上海2	浙江2	
浙江	江西	安徽	上海4	福建3	江苏4
安徽	江苏	浙江3	河南2	江西2	湖北4
福建	江西	广东海南3	浙江2		
江西	浙江2	福建1	湖南3	广东海南4	安徽3
山东	河南2	北京天津河北1	江苏3		
河南	山东	湖北3	山西2	陕西5	安徽5北京天津河北4
湖北	河南	陕西3	四川重庆2	湖南3	安徽3江西4
湖南	广东海南	广西	江西	湖北	贵州
广东海南	湖南	广西	江西	福建	
广西	广东海南2	贵州1	湖南4	云南3	
四川重庆	云南6	贵州2	湖北4	陕西3	西藏1
贵州	广西	四川重庆	云南	湖南	
云南	四川重庆2	广西1	贵州3	西藏4	
西藏	四川重庆	青海	云南	新疆	
陕西	湖北2	河南2	四川重庆2	山西1	甘肃3
甘肃	新疆	四川重庆5	陕西4	内蒙古中西3	宁夏2
青海	西藏2	甘肃1	四川重庆3	新疆4	
宁夏	甘肃	内蒙古中西			
新疆	甘肃	青海	西藏		

注：表中各空间单元旁边的数字表示该空间单元在表 4-2 中的关联序次。

从表 4-6 中可以看出，基于经济系数得出的与各空间单元相邻的首位运输联系强度次序，与表 4-2 相比，有 8 个发生了改变，其中大多都是由原来的第二次序上升到第一次序，而云南和四川重庆的次序变化显著，云南由原来的第 6 次序上升到了第 1 次序，次序的改变会不会引起铁路货运区域空间分布的改变，按照空间融合算法的 step5，将每一个空间单元和其运输联系强度最大的空间单元融合。

可以得出基于经济系数的铁路货运区域空间的演化趋势：东北区域和东部区域在未来的区域演化中空间范围保持稳定；而中部区域随着北京、天津、河北和山东以及陕西运输联系强度的弱化，分散效应显著，随着陕西和湖北运输联系强度的加大，中部区域将分化成两个空间区域。随着各区域经济发展的不平衡，西藏和青海与其他空间单元的经济差距将进一步加大，随着青海和甘肃运输联系强度的减弱，西部区域也在分散效应的影响下分化成两个区域。随着云南和广西运输联系强度的减弱以及云南和四川，广西和广东、海南的运输联系的增强，西南区域和南部区域将呈现聚集效应，而合并成一个区域。由此可以看出铁路货运区域空间的演化将分为 7 大区域，见表 4-7。

表 4-7　铁路货运区域空间的演化趋势

序号	区域代码	区域名称	区域组成
1	C_1	东北区	辽宁，吉林，黑龙江，内蒙古东部
2	C_2	中部 1 区	北京，天津，河北，山西，内蒙古中西部
3	C_3	中部 2 区	山东，河南，湖北，陕西
4	C_4	东部区	上海，江苏，浙江，安徽，江西，福建
5	C_5	南部区	广东，湖南，海南，广西，贵州，四川，重庆，云南
6	C_6	西南区	青海，西藏
7	C_7	西部区	甘肃，宁夏，新疆

同时，也可以分析出部分空间单元间的货运发展建议，根据山西和陕西、云南和广西、青海和甘肃运输联系强度弱化的趋势可以得出，未来的演化策略应是提高上述空间单元之间的运输需求，同理根据陕西和湖北、广西和广东、四川和云南运输联系强度增强的趋势来看，应提高上述空间单元之间的货运能力和货运质量。

4.4　本章结论

本章是从铁路货运发展演化的内部机理出发，基于空间尺度对铁路货运发展演化的区域空间特征进行研究。根据可塑性面积单元问题、尺度空间融合理论及空间运输联系理论等相关理论来源，从空间位置邻近性和运输联系相关性的角度设计出空间单元融合算法；运用该算法对我国铁路货运区域空间的分布特征进行分析，将我国铁路货运空间范围分为6大区域空间；在区域空间划分的基础上通过对不同区域空间的运输联系及货流特征进行分析，得出了我国货运各区域演化的功能定位及货运通道发展方向；基于经济系数对我国铁路货运区域空间进行分析，得出了我国铁路货运未来将呈现7大区域空间分布的演化趋势。

研究表明，运用空间单元融合算法对我国铁路货运区域空间特征进行研究，可以很好地考虑到相邻空间单元之间的运输联系强度，符合地理学第一定律的基本思想，从而拓展了运输区域空间特征分析的研究理论。运用该算法得到的我国铁路货运区域的划分结果完善了我国铁路货运的规划层次，避免了由于区域层次空间范围的模糊性而造成的重复规划和盲目建设，而且通过运输联系特征及货流特征的分析可以得到各区域的功能定位和发展方向，并能够预测区域空间的演化趋势，对于指导我国铁路货运区域规划与建设具有很强的理论和现实意义。

第 5 章　铁路货运发展演化的动因机制分析

5.1　动力机制运作影响分析方法

5.1.1　思想来源

国民经济活动通过不同角度产生了运输需求，运输需求的产生形成了铁路货运发展演化影响机制中的动力机制，动力机制为铁路货运发展演化提供了需求动力和方向动力，分别为铁路货运发展演化提供了运输需求的合理性判断以及发展方向的战略性导向。

而如何运用科学有效的方法得到这两种动力是动力机制运作影响分析的关键。在对运输演化理论的文献研究中已经概括出，在运输化的不同阶段，不同运输方式所呈现的演化规律特征基本相似，在初步运输化阶段呈现的特征是不同运输方式线路数量的增长，在完善运输化阶段呈现的则是提高运输质量的特征，具体表现为不同运输方式的联合运作，向综合物流和集装箱联运方向发展，而在后运输化阶段最终会形成综合运输体系。据此可以得出，如果能够判断出目前我国铁路货运发展演化所处的运输化阶段，那么根据运输演化理论就能确定出该阶段的运输演化特征，对于铁路货运在该运输化阶段导向性策略的制定具有很强的指导作用。

从运输演化理论来看，运输化阶段是和工业化发展阶段相对应的，所以要对运输化阶段进行判定，首先要运用工业化发展阶段理论对铁路货运发展演化所处的工业化阶段进行判定。但由于全球化以及产业分工细化的影响，不同工业化阶段的划分标准得到的结果也不尽相同[138]，只有对铁路货运发展演化动力机制运作影响的指标进行主指标提取，并将该指标作为工业化阶段的划分标准来对铁路货运发展演化所处的工业化阶段进行判定，才能够准确把握铁路货运发展演化所处的运输化阶段。

由此可见，要进行动力机制的运作影响分析，首要的前提工作就是要分清动力机制运作影响各项指标的主次。数理统计中的回归分析、方差分析、主成分分析等都是用来进行主指标提取的方法，但这些方法在实际应用中都存在着很多的问题。而灰色关联分析方法弥补了采用数理统计方法进行指标分析的缺憾，它对样本量的多少和样本有无规律都同样适用，而且计算量小，十分方便，更不会出现量化结果与定性分析结果不符的情况。其基本思想是在建立特征行为序列和相关因素序列的基础上，计算相关因素序列相对于特征行为序列曲线几何形状的关联度，据此来判断两者之间的联系是否紧密[139]。通过计算相关因素序列对特征行为序列计算出的关联度，可以得出各相关因素序列的关联序，如果可以通过关联序的计算结果来提取出动力机制运作影响的主指标，那么既可以为需求动力提供分析依据，也可以作为工业化发展阶段的划分标准，从而通过运输演化理论分析得出铁路货运发展演化的方向动力。

5.1.2 理论方法

根据方法的思想来源，本章构建出铁路货运发展演化动力机制运作影响分析方法。该方法在根据运输需求理论确定出动力机制运作指标的基础上，首先将灰色关联分析模型在实际应用中通常采用单一分辨系数进行关联度计算的方法进行分析和改进，构建基于组合分辨系数的灰色关联分析方法来进行动力机制运作主指标的提取。然后根据主指标的运输需求特征判定出铁路货运发展演化的需求动力。最后将该主指标作为工业化阶段的划分标准来对铁路货运发展演化所处的工业化阶段进行判定，从而运用运输演化理论对该工业化阶段对应的运输化阶段所应呈现的运输特征判定出铁路货运发展演化的方向动力。该方法相关的理论基础如下。

1. 基于运输需求理论的运作指标确定

为研究动力机制对铁路货运发展演化的影响，首先要根据运输需求理论确定动力机制的运作指标。动力机制运作指标的确定过程如图 5-1 所示。

从图 5-1 可以看出，动力机制源于运输需求，而运输需求是派生需求，来源于生产和消费两个不同方面，生产性运输需求是指与人类生产活动相关的运输需求，按照整体到局部的原则可以分为国家经济总体运输需求和各产业的运输需求，按照内部到外部的原则又可以分为国内运输需求和国际运输需求，按照这两种原则本文选择国家经济水平、产业结构以及对外贸易作为生产性需求指标。而消费型运输需求则是与消费活动相关的运输需求。根据马斯洛（Abraham H. Maslow）的需求层次理论，人类需求从较低层次到较高层次一共分为五类[140]。人们随着消费水平的上升，就会不断地满足这些需求，而每一个需求层次都会引起大量的消费运输需求，由于消费运输需求与居民消费水平相关，因此本文选用居民消费水平作为消费性运输需求指标。各运作指标的具体分析如下：

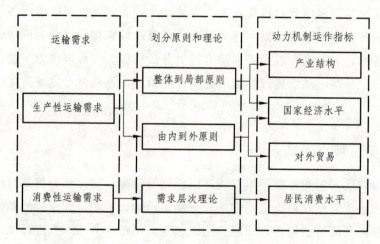

图 5-1　动力机制运作指标的确定过程

（1）国家经济水平。

各国在不同经济发展阶段对运输需求在数量和质量上有很大差别。在实际分析中，无论从衡量经济发展的实物指标还是价值指标方面看，都与货运需求存在明显的正相关关系[141]。因此，分析铁路货运发展演化的需求机制运作指标时，必须首先从国家经济发展这一总量性因素开始。经济增长的变动是影响货运需求的重要因素，经济繁荣时期，市场活跃、消费增加、生产扩大、运输需求随之旺盛，而当经济走势平缓甚至下降时，运输需求受到抑制[142]。

（2）产业结构。

三产业的划分是世界上较为常用的产业结构分类。产业结构的比重及各产业产品的种类结构不同，呈现出货物运输需求的特点也是不同的。比如重工业产生的运输需求要大于轻工业，轻工业要大于服务业。产品种类的不同带来的运输需求的数量和质量也不尽相同，高附加值的"白货"要比传统的大宗生产性物资运输数量的需求要少，但是对于运输质量则要求较高[142]。

（3）对外贸易。

对外贸易由进口和出口两个部分组成，主要是指国家或地区之间商品、劳务和技术的相互交换活动。对外贸易的发展在一定程度上也影响着国内货物的规模、构成和流向。

（4）居民消费水平。

居民消费水平在货物运输需求中主要表现为平均实物消费量。比如平均每人全年主要有消费品的消费量、平均每百户耐用消费品拥有量、人均居住面积、平均每人生活用水量、平均每人生活用电量等。一般来说，居民消费水平越高，对货物运输需求就越大。

2. 基于组合分辨系数的灰色关联分析进行主指标提取

在灰色关联分析模型理论中[139]，各相关因素序列对于特征行为序列的关联度计算公式为：

$$\gamma(x_0(k), \mathrm{x}_i(k)) = \frac{\Delta_{\min} + \rho\Delta_{\max}}{\Delta_{oi}(k) + \rho\Delta_{\max}} \qquad (5.1.1)$$

$$\gamma(X_0, X_i) = \frac{1}{n}\sum_{k=1}^{n}\gamma(x_0(k), x_i(k)) \qquad (5.1.2)$$

其中，$\Delta_{\min} = \min_i \min_k \Delta_{oi}(k)$ 为两级下环境参数，$\Delta_{\max} = \max_i \max_k \Delta_{oi}(k)$ 为两级上环境参数，其中 $\Delta_{oi}(k) = |x_0(k) - \mathrm{x}_i(k)|$，$[\Delta_{\min}, \Delta_{\max}]$ 为关联分析的比较环境；ρ 称为分辨系数；$\gamma(X_0, X_i)$ 称为 X_i 与 X_0 的灰色关联度，灰色关联度 $\gamma(X_0, X_i)$ 常简记为 γ_{0i}。k 点关联系数 $\gamma(x_0(k), \mathrm{x}_i(k))$ 简记为 $\gamma_{0i}(k)$。由于该关联度分析模型由邓聚龙教授提出，也称为邓氏关联度[139]。关联度数值大小的实际意义不大，重要的是关联序，根据关联序就可以确定比较指标之间的主次与优劣关系，从而提取出铁路货运发展演化动力机制运作影响的主指标。

在灰色关联分析模型的实际应用中，分辨系数 ρ 是对比较环境 $[\Delta_{\min}, \Delta_{\max}]$ 的按比例缩放，当 $\rho = 1$ 表示有最大上环境，当 $\rho = 0$ 表示最大上环境消失，所以 ρ 的取值范围为

$\rho \in (0,1)$。当 $\Delta_{\min} = 0$ 时，$\dfrac{\rho}{1+\rho} \leqslant \gamma(x_0(k), \mathrm{x}_i(k)) \leqslant 1$。根据系统信息量的定义，当差异信息 $\Delta_{oi}(k)$ 在 $[0, \Delta_{\max}]$ 上均匀分布或正态分布时，最大分辨系数 ρ 只

要满足 $\dfrac{1}{2(e-1)} \leqslant \rho \leqslant \dfrac{1}{2}$，则关联度一定具有最大信息量和最大信息分辨率。所以在实际应用中，

经常采用的是基于单一分辨系数 ρ 的关联度计算，通常取 $\rho = 0.5$[143]。由此可知将 ρ 取为 0.5 并进行关联度的计算是有严格的限定条件的，即必须满足 $\Delta_{\min} = 0$ 以及 $\Delta_{oi}(k)$ 在 $[0, \Delta_{\max}]$ 上必须呈现均匀分布或正态分布。并且根据单一分辨系数 ρ 的关联度计算结果只能得出各相关因素指标的唯一关联序，在进行主指标的提取时选择前几项指标作为主指标也没有合理的科学依据。

根据公式（5.1.1），对 $\gamma(x_0(k), x_i(k))$ 求导得：

$$\frac{\mathrm{d}\gamma}{\mathrm{d}\rho} = \frac{\Delta_{\max}\left(\Delta_{oi}(k) - \Delta_{\min}\right)}{\left(\Delta_{oi}(k) + \rho\Delta_{\max}\right)^2} \geqslant 0$$

$$\frac{\mathrm{d}^2\gamma}{\mathrm{d}\rho^2} = \frac{2\left(\Delta_{\max}\right)^2\left(\Delta_{oi}(k) - \Delta_{\min}\right)}{\left(\Delta_{oi}(k) + \rho\Delta_{\max}\right)^3} \leqslant 0$$

上述说明 $\gamma_{0i}(k)$ 随着 ρ 的增大而单调增大，从而关联度 γ_{0i} 也单调增大，并且增长的速度会出现差异，如果不满足以上约束条件，则会出现由于分辨系数 ρ 的取值不同而导致计算结果差异的情况。

为解决单一分辨系数下进行灰色关联分析的约束条件限制，本章根据分辨系数 $\rho \in (0,1)$ 的范围界定，设计出基于组合分辨系数的灰色关联分析方法，从而进行动力机制运作主指标的提取。其方法思想是将分辨系数 ρ 划分成 n 种取值标准，即 $\rho = \rho_1, \rho_2, \cdots, \rho_n$，分别进行动力机制衡量指标关联度和关联序的计算，最后对关联序的结果进行分析，据此进行动力机制运作主指标的提取。该方法既考虑到分辨系数 ρ 取不同值时关联序结果可能出现的差异，又为主指标数量的确定提供了科学的依据。

3. 基于钱纳里法的工业化发展阶段确定

目前对于工业化发展阶段的划分方法和标准不一[144]，本书选择最具代表性的钱纳里法确定出铁路货运发展演化所处的工业化发展阶段，该方法从人均 GDP、三次产业产值结构（产业结构）、第一产业就业人员比重（就业结构）和人口城市化率（空间结构）四个方面的指标进行数据标准划分，将工

业化发展阶段划分为前工业化阶段、工业化实现阶段（初期、中期和后期）以及后工业化阶段[138]，划分标准见表 5-1。

表 5-1　工业化发展阶段的划分标准（钱纳里法）

划分指标	前工业化阶段	工业化实现阶段			后工业化阶段
		工业化初期	工业化中期	工业化后期	
人均 GDP 美元（2005）（PPP）	745～1490	1490～2980	2980～5960	5960～1170	1170 以上
三次产业产值结构（产业结构）	A>I	A>20%，A<I	A<20%，I>S	A<10%，I>S	A<10%，I<S
第一产业就业人员占比（就业结构）	60%以上	45%～60%	30%～45%	10%～30%	10%以下
人口城市化率（空间结构）	30%以下	30%～50%	50%～60%	60%～75%	75%以下

注：A：第一产业，I：第二产业，S：第三产业。PPP：购买力平价。资料来源于《中国工业化进程报告》，2007。

4. 基于运输演化理论的运输发展特征判定

在得到铁路货运发展演化所处工业化发展阶段的基础上，就可以运用运输演化理论，判定铁路货运发展演化所处的运输化阶段以及应呈现的运输发展特征。工业化发展阶段对应的运输化阶段及运输发展特征见表 5-2。

表 5-2　工业化发展阶段对应的运输化阶段及运输发展特征

工业化发展阶段	运输化阶段	运输发展特征
前工业化阶段	前运输化阶段	人力和畜力运输
工业化前期	初步运输化阶段	不同运输方式运输能力的提高，表现为不同运输方式线路数量的增长
工业化中期	初步运输化阶段	同上
工业化后期	完善运输化阶段	不同运输方式运输质量的提高，表现为不同运输方式的联合运作，向综合物流和集装箱联运方向发展
后工业化阶段	后运输化阶段	综合运输体系，表现为不同运输方式的协调发展

注：该表根据运输演化理论相关文献研究整理获得。

5.1.3　分析步骤

运用上述理论基础，本书设计了铁路货运发展演化动力机制运作影响分析流程图，如图 5-2 所示。各步骤的具体解释如下：

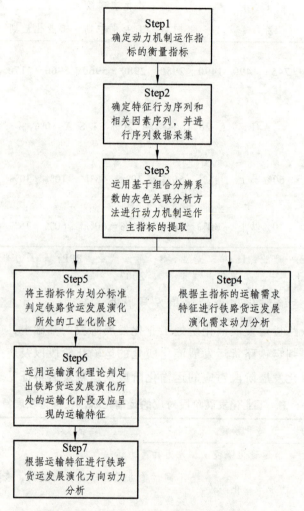

图 5-2　动力机制运作影响分析步骤

Step1：确定动力机制运作指标的衡量指标。

Step2：确定出铁路货运发展演化的特征行为序列 $X_0 = (x_0(1), x_0(2), \dots, x_0(n))$ 和动力机制衡量指标的相关因素序列 $X_i = (x_i(1), x_i(2), \cdots, x_i(n)), i = 1, 2, \cdots 6$，并对相关序列数据进行采集。

Step3：运用基于组合分辨系数的灰色关联分析方法进行动力机制运作主指标的提取。

Step4：根据动力机制运作主指标提取的结果，对主指标的运输需求特征进行实证分析，确定出铁路货运发展演化的需求动力。

Step5：根据动力机制运作主指标提取的结果，运用钱纳里法确定出铁路货运发展演化所处的工业化发展阶段。

Step6：根据运输演化理论，确定铁路货运发展演化所处的运输化阶段以及应呈现的运输特征。

Step7：对铁路货运发展演化所处的运输化阶段以及应呈现的运输特征进行实证分析，确定出铁路货运发展演化的方向动力。

5.2 动力机制运作影响实践分析[①]

5.2.1 主指标的提取

根据动力机制运作指标的实际特征选择有代表性的定量衡量指标，分别用国民生产总值 X_1 衡量国家经济水平，第一产业增加值 X_2、第二产业增加值 X_3 和第三产业增加值 X_4 衡量产业结构，货物进出口总额 X_5 衡量对外贸易，居民消费水平 X_6 衡量居民消费水平，将以上 6 项衡量指标作为相关因素序列，选择铁路营业里程作为特征行为序列 X_0，并对各序列数据进行采集，见附表 1。运用基于组合分辨系数的灰色关联分析方法，根据分辨系数

[①] 在进行我国铁路货运发展演化影响机制的实践分析时，首先要解决的问题是如何进行实践分析阶段的选择，从而能够使分析结论对我国铁路货物货运发展演化提供最有效的实践指导。通过第 3 章的研究，已经得出我国铁路货运系统演化分为四个生命周期，并且每个生命周期都有发生、成长和成熟三个阶段。考虑到实践分析阶段的选择要具有完整性、代表性和实用性，所以按照目前我国铁路货运发展演化所处的第四生命周期来作为实践分析阶段的选择，将第四生命周期的发生期 1999—2007 年作为第一阶段，成长期中的 2008—2014 年作为第二阶段分别进行各影响机制对铁路货运发展演化的实践分析。这样的阶段划分方式更加贴近我国目前铁路货运发展演化的实际，使分析结论更具现实和指导意义。

$\rho \in (0,1)$ 的范围界定，将分辨系数划分成 9 种取值标准，即 $\rho = 0.1, 0.2, \cdots, 0.9$。首先进行第一阶段下不同分辨系数各相关因素序列对特征行为序列关联度（邓氏关联度）的计算[139]，计算结果见表 5-3。

表 5-3　组合分辨系数下衡量指标的关联度结果（第一阶段）

ρ	γ_{01}	γ_{02}	γ_{03}	γ_{04}	γ_{05}	γ_{06}
$\rho = 0.1$	0.2516	0.3136	0.6449	0.7365	0.2423	0.2841
$\rho = 0.2$	0.3507	0.4194	0.7711	0.8350	0.3336	0.3971
$\rho = 0.3$	0.4254	0.4926	0.8303	0.8796	0.4028	0.4781
$\rho = 0.4$	0.4841	0.5478	0.8650	0.9052	0.4577	0.5393
$\rho = 0.5$	0.5315	0.5914	0.8878	0.9218	0.5028	0.5874
$\rho = 0.6$	0.5708	0.6269	0.9040	0.9334	0.5406	0.6263
$\rho = 0.7$	0.6039	0.6565	0.9161	0.9420	0.5728	0.6583
$\rho = 0.8$	0.6321	0.6815	0.9255	0.9487	0.6006	0.6853
$\rho = 0.9$	0.6566	0.7031	0.9330	0.9540	0.6250	0.7082

根据表 5-3 绘制第一阶段组合分辨系数下动力机制衡量指标关联度增长趋势图，如图 5-3 所示。从图中可以看出，随着分辨系数取值的增加，不同衡量指标的关联度都呈现增长的趋势，由于各关联度曲线的增长速度不一，当分辨系数取值增加到 [0.6，0.7] 区间时，关联序的结果由原来的 $\gamma_{04} > \gamma_{03} > \gamma_{02} > \gamma_{06} > \gamma_{01} > \gamma_{05}$ 改变为 $\gamma_{04} > \gamma_{03} > \gamma_{06} > \gamma_{02} > \gamma_{01} > \gamma_{05}$，第一产业增加值由原来关联序的第三位降到了第四位，而居民消费水平则由原来的第四位增加到了第三位，这样就造成了由于分辨系数的增加，关联序的结果发生了改变。但是可以肯定的是，位于关联序第一位的第三产业增加值和第二位的第二产业增加值的位序没有改变。据此可以提取出第一阶段影响铁路货运发展演化动力机制主要衡量指标为 γ_{04} 和 γ_{03}，即第三产业增加值和第二产业增加值，对应的运作主要运作指标为产业结构。

同理，计算出第二阶段不同分辨系数下衡量指标的关联度结果，见表 5-4，并绘制关联度增长趋势图，如图 5-4 所示。同样可以发现当分辨系数取值增加到 [0.3，0.4] 区间时，关联序的结果由原来的 $\gamma_{05} > \gamma_{01} > \gamma_{06} > \gamma_{04} > \gamma_{02} > \gamma_{03}$ 改变

为 $\gamma_{05} > \gamma_{01} > \gamma_{04} > \gamma_{06} > \gamma_{02} > \gamma_{03}$，据此可以提取出第二阶段动力机制主要衡量指标为 γ_{05} 和 γ_{01}，即货物进出口总额和国民生产总值，对应的动力机制主要运作指标为对外贸易和国家经济水平。

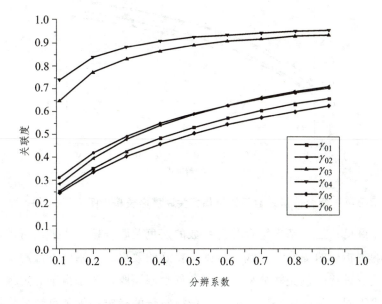

图 5-3　组合分辨系数下衡量指标关联度增长趋势图（第一阶段）

表 5-4　组合分辨系数下衡量指标的关联度和关联序结果（第二阶段）

ρ	γ_{01}	γ_{02}	γ_{03}	γ_{04}	γ_{05}	γ_{06}
$\rho = 0.1$	0.4811	0.2887	0.2782	0.4015	0.4915	0.4444
$\rho = 0.2$	0.5822	0.3878	0.3727	0.5342	0.6294	0.5515
$\rho = 0.3$	0.6464	0.4607	0.4437	0.6169	0.7058	0.6194
$\rho = 0.4$	0.6923	0.5172	0.4994	0.6741	0.7550	0.6680
$\rho = 0.5$	0.7270	0.5624	0.5445	0.7161	0.7897	0.7050
$\rho = 0.6$	0.7545	0.5996	0.5820	0.7483	0.8155	0.7342
$\rho = 0.7$	0.7767	0.6307	0.6135	0.7739	0.8355	0.7581
$\rho = 0.8$	0.7952	0.6573	0.6405	0.7947	0.8515	0.7778
$\rho = 0.9$	0.8108	0.6801	0.6640	0.8120	0.8646	0.7946

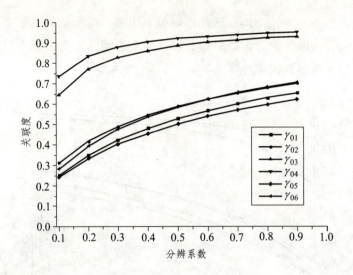

图 5-4　组合分辨系数下衡量指标关联度增长趋势图（第二阶段）

由此可见，运用基于组合分辨系数的灰色关联分析方法来进行动力机制运作影响主指标的提取在实践中得到了良好的效果，采用此方法解决了单一分辨系数下进行灰色关联分析的约束条件限制，既避免了由于分辨系数的不同而造成不同的关联序结果，又为主指标数量的确定提供了科学的依据。

5.2.2　需求动力分析

1. 第一阶段需求动力

由于第一阶段动力机制的主要衡量指标为第三产业增加值和第二产业增加值，所以这一阶段第三产业和第二产业带来的运输需求是我国铁路货运发展演化的主要需求动力。这一时期正是我国进行经济发展方式转变，产业结构优化升级的"十五"和"十一五"时期，一些高增长产业如房地产、汽车、基础设施建设迅速崛起，从而带动了水泥、建材、钢铁、机械、化工等中间产品运输需求的快速发展，第三产业的影响在社会经济活动中越来越大[98]，从而导致"白货"的运输需求增速远远超过大宗物资的运输需求增速①。但同时需要注意的是这一阶段第二产业仍然是动力机制的主要衡量指标，其带来

---

① 注：铁路运输中，铁路货物运输品类共分为 26 类，其中 1～14 类称之为
"黑货"，除"黑货"以外的各类货物，包括集装箱运输的货物统称为"白货"。

的运输需求在铁路货物运输市场中仍然占主体地位，这是由于铁路货运长期以来一直承担着煤炭、石油、粮食、焦炭、钢铁等大宗原材料物资运输，这些大宗物资长期以来是铁路的最具有优势的货运品类并仍然占有较高的比例。因此第一阶段铁路货运的运输需求主要表现为大宗原材料物资和"白货"的需求特征。

2. 第二阶段需求动力

由于第二阶段动力机制的主要衡量指标为货物进出口总额和国内生产总值，所以这一阶段对外贸易和国家经济水平的运输需求带来了我国铁路货运发展演化的主要需求动力。

（1）对外贸易的运输需求。

这一阶段，随着经济全球化与区域经济一体化进程加速，我国的对外贸易量迅速增长，货物进出口总额由 2008 年的 179 921.47 亿元增加到 2014 年的 264 334.49 亿元，平均年增幅 14 068.84 亿元，货物进出口总额发展趋势如图 5-5 所示。按照货物进出口总额的发展趋势来看，对外贸易的迅速扩大使各个国家间的远程运输联系尤其是临近国家间的货运联系日益显著，同时也对于我国铁路货运需求造成了很大的影响。铁路货运中的传统大宗货物，如煤炭、粮食、冶金物资、石油由于进口量均逐年提高，造成我国国内产销下降，国内大宗货物运输需求下降；而同时食品、电子产品等产成品出口量却出现了显著增长的态势，这些货物的运输方式主要是集装箱运输，因此造成了集装箱进出口运输需求的显著增长。2015 年 3 月 28 日，国家发展改革委、外交部、商务部联合发布了《推动共建丝绸之路经济带和 21 世纪海上丝绸之路（简称"一带一路"）的愿景与行动》，"一带一路"沿线国家合作的重点领域中就提出："基础设施的互联互通是降低贸易成本、增强国际联系的基本条件，也是'一带一路'构建的优先和重点领域"[145]。铁路国际集装箱班列运输与航空运输和远洋运输相比具有较强的成本优势和时效优势，据 2015 年 8 月 20 日中央电视台财经栏目公布的数据显示，铁路国际集装箱班列运输的成本比民航运输少 80%，比远洋运输的运输时间少 18 天。因此，这一阶段铁路货运的运输需求主要表现为集装箱进出口运输的需求特征。

（2）国家经济的运输需求。

目前我国正处于"三期叠加"的经济新常态，经济增长速度由高速进入中高速的换挡期，经济结构也面临着调整，伴随着第三产业比重的逐步加大，高能耗的过剩产能逐步缩减，导致了钢铁、水泥和煤炭这些铁路传统的大宗物资需求逐年降低[146]。而随着国民经济发展将向质量效益型转变，一些高附加值的产业发展迅速，特别是沿海区域内的高精尖技术企业的迅速成长，已经在我国经济结构中占有了较大的比重。同时这些高附加值产业所派生出来的高附加值运输也迅速增长。这些高附加值的运输，大部分都要求较高服务质量，这些物资对运输期限、包装的完整性、安全性方面要求较高，有的甚至要求"门到门"的运输。在大宗货物运量下滑的情况下，国民经济发展的质量效益型转变带来的强大的"零散白货"运输需求①，为铁路货运发展演化带来了新的需求动力[147]。

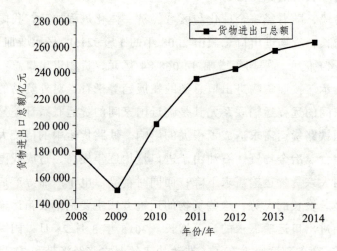

图 5-5　货物进出口总额发展趋势图（2008—2014）

注：数据来源于中国统计年鉴。

5.2.3　方向动力分析

1. 第一阶段方向动力

由于第一阶段动力机制的主要运作指标为产业结构，所以这一阶段主要

---

① 注：中国铁路总公司将零散白货定义为"协议运输的大宗稳定物资以外的其他物资"，办理方式为"随到随办"，但对于零散白货并没有清晰的界定，无法用准确的概念来表述。广义上讲，"零散白货"应为社会普遍接受的高附加值零散货物运输产品，其特点是"批次多、周期短、品种多"。

是由产业结构在引导着铁路货运发展演化的方向。从产业结构来看，随着国家经济发展方式的改变，产业结构不断得到优化升级，第三产业已经成为推动铁路货运发展演化的首要动力机制衡量指标，同时第二产业仍是铁路货运发展演化的次要动力机制衡量指标。这是由于随着我国的产业结构不断调整，产业结构不断发生着巨大的变化，三产业增加值发展趋势如图 5-6 所示。

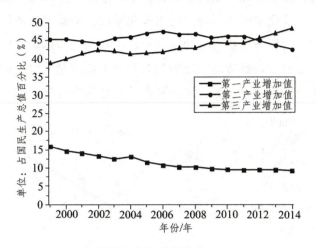

图 5-6　三产业增加值发展趋势图（1999—2014）

注：数据来源于中国统计年鉴。

由图中可以看出，第一产业增加值下降幅度较大，由 1999 年的 16.1%下降到 2007 年的 10.4%，第二产业增加值呈上升趋势，由 1999 年的 45.3%上升到 2007 年的 46.7%，但总体升幅不大，并在国民生产总值中一直占有很大的份额，而第三产业增加值则发展迅速，由 1999 年的 38.6%上升到 2007 年的 42.9%，但还小于第二产业份额。从产业结构的角度对应工业化发展阶段的划分标准（见表 5-1）可以得出这一阶段我国正处于工业化中期阶段，结合运输演化理论中得到的工业化发展阶段对应的运输化阶段及运输发展特征（表 5-2）可以得出，这一阶段与之相对应的运输化阶段应是初步运输化阶段后期，铁路货运发展的战略性导向应主要以线路数量增长为主。

2. 第二阶段方向动力

由于第二阶段动力机制的主要衡量指标为货物进出口总额和国内生产总值，而国内生产总值和工业化发展阶段的划分标准（见表 5-1）中的人均国民生产总值的关联性极高，所以应选取人均国民生产总值作为工业化发展阶段划分的标准。从人均国民生产总值的发展趋势来看，如图 5-7 所示。这一阶段我国人均国民生产总值从 2008 年的 3795 美元上升到 2014 年的 7405 美元，从人均国民生产总值对应工业化发展阶段的划分标准（见表 5-1）可以得出这时我国已从工业化中期阶段过渡到了工业化后期阶段，结合运输演化理论中得到的工业化发展阶段对应的运输化阶段及运输发展特征（见表 5-2）可以得出，这一阶段与之相对应的运输化阶段应为初步运输化阶段后期向完善运输化阶段发展，铁路货运发展的战略性导向应该是从线路数量增长逐渐过渡到提高运输质量，并向综合物流和集装箱联运方向发展。

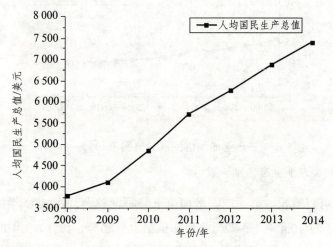

图 5-7   人均国民生产总值发展趋势图（2008—2014）

注：数据来源于中国统计年鉴，其中美元对人民币的汇率定义为 6.3。

5.2.4 实践分析框架

根据动力机制运作影响分析方法，对我国铁路货运发展演化动力机制运作影响进行实践分析，由此构建出动力机制对我国铁路货运发展演化运作影响的实践分析框架，如图 5-8 所示。该框架将动力机制运作影响分析方法和实践相结合，最终得到了我国铁路货运发展演化的方向动力和需求动力，分别为我国铁路货运发展演化提供了运输需求的合理性判断以及发展方向的战略性导向，从而为我国铁路货运宏观发展策略的制定提供指导。

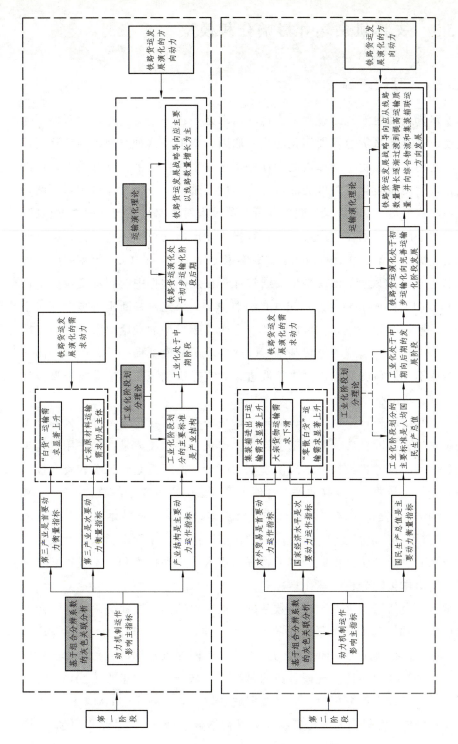

图 5-8 我国铁路货运发展演化动力机制运作影响实践分析框架图

103

5.3　支撑机制运作影响分析模型

5.3.1　理论来源

铁路货运发展演化的过程中，运输需求必须在一定的支撑供给条件下才能实现，这是铁路货运发展演化的主要原因，本书将这种原因称为铁路货运发展演化的支撑机制。支撑机制为铁路货运发展演化提供了支撑投入，从而使铁路货运发展演化成为可能。从这个角度上来说，分析支撑机制对铁路货运发展演化的运作影响，其实就是分析各项投入对铁路货运产出的贡献程度。生产函数是用来辨别在生产过程中各种投入和产出的对应关系，传统的生产函数是美国经济学家 P.H.Douglas 和数学家 C.W.Cobb 于 1928 年创立的，简称 C-D 生产函数模型，该模型主要通过计算在生产过程中的解释变量资本投入 K 和劳动力投入 L 对生产产出 Y 的弹性 α, β，来定量判断出各项投入对于产出的贡献程度 6。因此，本书从 C-D 生产函数模型的理论出发，作为支撑机制运作影响分析模型的思想基础。C-D 生产函数模型提出后，国内外的学者纷纷从不同的角度对该模型进行改进，为支撑机制运作影响分析模型设计提供了进一步的扩展空间。

现代经济增长理论认为，影响经济增长的要素不仅包含劳动投入和资本投入还应包含技术投入，并且随着经济的增长，技术投入发挥的作用将越来越大。这里的技术投入是一个经济学上的概念，实际上是除劳动和资本投入之外的诸如生产要素、科技水平、管理水平等诸多投入要素的总称[148]。R. N. Solow（1957）提出索洛"余值"法，将资本，劳动力和技术投入对经济的贡献度进行了定量研究[149]。这也成为了目前国内在运用生产函数进行技术贡献度研究的主流算法。因此，本书将资本投入、劳动投入和技术投入来作为支撑机制运作影响分析的运作指标。

索洛"余值"法是在生产函数基础上推导出来的，因此必须满足一定的前期假定条件。其中一个很重要的条件就是假定规模报酬不变，即 $\alpha + \beta = 1$ 时，表示规模报酬不变。而当 Y、K、L 作为时间序列数据时，常常由于数据的波动而导致参数估计出现误差或明显错误。基于此，刘思峰（2013）提出在进行生产函数模型分析时，应对数据波动较大的序列采用 GM（1,1）模型进行模拟分析，将得到的模拟数据序列进行参数估计，使参数结果更加合理，能够确切地反映出各项投入和产出之间的关系，由此得出了灰色生产函数模型[150]，近年来在各个研究领域被广泛应用[150-153]。因此，在建立支撑机制运作影响分析模型时，也要考虑原始数据序列的数据波动情况，必要时也应采用 GM（1,1）模型进行数据序列的模拟调整。

近年来在对生产函数模型进行实际应用中发现，由于生产函数解释变量中的资本投入属于存量，在我国实际统计数据中无法得到，所以经常采用投资这一流量来替代资本，但投资和产出之间是存在着滞后现象的，即某一时刻的投资往往要经过一段时间在产出中才能得到体现，这段滞后的时间称为时滞数[154]。因此，对于时滞生产函数理论的研究逐渐展开[148,155]。为使支撑机制运作影响分析更具有实践性，进行其分析模型的构建时也应将考虑加入时滞数变量。

5.3.2　时滞灰色生产函数模型

根据模型的理论来源，本书构建了时滞灰色生产函数模型来进行铁路货运发展演化支撑机制运作影响分析的研究。时滞灰色生产函数模型的形式为：

$$\hat{Y}_t = A_0 e^{rt} \hat{K}_{t-\tau}^{\alpha} \hat{L}_{t-\tau'}^{\beta} \qquad (5.3.1)$$

其中，$\hat{Y}$ 为产出调整数据序列，$\hat{K}$ 为资金投入调整序列，$\hat{L}$ 为劳动力投入调整序列，α，β 分别为 $\hat{K}$ 和 $\hat{L}$ 的产出弹性，$\alpha + \beta = 1$，A_0 为常数，表示基年的技术水平，r 为常数，表示技术进步系数，t 表示时间，$A_0 e^{rt}$ 表示第 t 年的综合技术水平，τ 和 τ' 分别为资金和劳动力投入 K 和 L 相对于产出 Y 的时滞数。

由式（5.3.1）可以看出，当 τ 和 τ' 为 0 时，该模型就转化成为灰色生产函数模型，即 $\hat{Y}_t = A_0 e^{rt} \hat{K}_t^{\alpha} \hat{L}_t^{\beta}$。而进一步当 $\hat{Y} = Y$，$\hat{K} = K$，$\hat{L} = L$ 时该模型就转化成传统的 C-D 生产函数模型，即 $Y_t = A_0 e^{rt} K_t^{\alpha} L_t^{\beta}$ [150]。所以该模型的分析流程和灰色生产函数模型的分析步骤类似，重点体现在时滞数 τ 的确定上。在时滞数的确定中，本书运用灰色时滞关联算法来确定各投入指标的时滞数 τ，算法原理如下：

令 $x_0 = (x_0(1), x_0(2), ..., x_0(n))$ 为特征行为序列，$x_i = (x_i(1), x_i(2), ..., x_i(n))$ 为相关因素序列，τ 为 x_i 相对于 x_0 的时滞数，t 为研究的离散时间点个数（$t \leqslant n$），由此得到时滞为 τ 的系统行为序列：

$$x_0\tau = (x_0(1), \ x_0(2),\ldots, \ x_0(t))$$

$$x_i\tau = (x_i(1+\tau), \ x_i(2+\tau),\ldots, \ x_i(t+\tau)) \ , \ i = 1,2, \ \ldots, m \ \tau = 0,1, \ \ldots, n-t$$

则 $x_0\tau$ 与 $x_i\tau$ 在第 k 点的关联系数为

$$\gamma\left(x_0k, x_{i\tau}(k+\tau)\right) = \frac{\Delta_{\min} + \rho\Delta_{\max}}{\Delta_{oi}(k) + \rho\Delta_{\max}} \ , \ k = 1,2, \ \ldots, t, \tag{5.3.2}$$

其中，$\Delta_{oi}(k) = | \mathrm{x}_0(k) - x_i(k+\tau) |$ 为绝对差，$\Delta_{\min} = \min_j \min_k | \mathrm{x}_0(k) - x_j(k+\tau) |$ 两级最小差，$\Delta_{\max} = \max_j \max_k | \mathrm{x}_0(k) - x_j(k+\tau) |$ 为两级最大差，ρ 为分辨系数，且 $\rho \in (0,1)$ ，则 x_{0r} 与 x_{ir} 的灰色关联度为：

$$r_i(\tau) = \frac{1}{t}\sum_{k=1}^{t}\gamma(x_0(k), x_{ir}(k+\tau)) \ , \ \tau = 0,1,\cdots, n-t \tag{5.3.3}$$

在 $r_i(\tau)$ 中选择最大值，令 $r_i(\tau^*) = \max_{0 \leqslant \tau \leqslant n-t} r_i(\tau)$ ，此时的 τ 值就是相关因素序列 $x_i\tau$ 相对于特征行为序列 $x_0\tau$ 与的时滞数，记作 τ_i^* 。

由于上述计算只是考虑了 x_0 序列的前 t 个数据，造成了 $n-t$ 个数据的信息浪费，所以将行为特征序列 x_0 和相关因素序列 x_i 的数据序列向右依次取 t 个数据，可以得出在不同 p 和 τ 值下的行为特征序列和相关因素序列。

$$x_0p = (x_0(p+1), \ x_0(p+2),\ldots, \ x_0(p+t)) \ (p = 0,1,\ldots, n-t)$$

$$x_i\tau = (x_0(p+1+\tau), \ x_i(p+2+\tau), \ \cdots, \ x_i(p+t+\tau)) \ (\tau = 0,1,\ldots, n-t-p)$$

得到如下关联矩阵：

$$r_i = \begin{bmatrix} 0 & r_i(0,0) & r_i(1,0) & r_i(2,0) & \cdots & r_i(\mathrm{n-t},0) \\ 1 & r_i(0,1) & r_i(1,1) & r_i(2,1) & \cdots & 0 \\ \vdots & \vdots & \vdots & & & \vdots \\ n-t-1 & r_i(0,n-t-1) & r_i(1,n-t-1) & 0 & \cdots & 0 \\ n-t & r_i(0,n-t) & 0 & 0 & \cdots & 0 \end{bmatrix} \tag{5.3.4}$$

分别对每列的关联度进行比较分析，选取每列最大关联度，其对应的最左列的数值就是各列 p 值对应的相关因素序列与行为特征序列的时滞数。随着 p 值的增大，各列对应相关因素序列的时间段也在向后平移，从而能够分析出时滞数相对时间变化的规律[156]。

106

5.3.3　分析步骤

基于时滞灰色生产函数模型的支撑机制运作影响分析流程如图 5-9 所示，各步骤的具体解释如下：

Step1：确定代表支撑机制运作影响分析的资本，劳动力和技术投入指标 K，L，A 以及铁路货运的产出指标 Y。

（1）产出指标 Y 的选取。

铁路货运产出的衡量指标有很多，主要包括铁路货运量、货物周转量、平均运距和铁路货运收入，由于目前铁路对于产出的衡量指标大多以运输收入为主[157,158]，所以本文选取铁路货运收入作为产出的衡量指标，来全面衡量铁路货运产出的效率和效果。

（2）资本投入指标 K 的选择。

铁路是集土木工程、设备建设于一体的资金密集型产品，修建铁路需要大量资金支持，需要稳定、大量的资金投入，必须要有足够的经济实力。在资本投入指标的选择上，选择铁路固定资产投资额作为衡量指标，现行铁路固定资产投资统计的范围包括铁路基本建设投资、更新改造投资、机车车辆购置投资。以基本建设的项目为例，包括新建铁路、客运专线、增加复线、既有线电气化改造、枢纽和客站的建设等[159]。

（3）劳动力投入指标 L 的选择。

在对相关文献的查阅中发现，目前对劳动力投入指标大多都是以从业人数确定的[150-152]，但由于我国铁路人员的精简，每年的从业人数逐渐减少，所以在劳动力投入中不能采用铁路从业人数这一指标，因为如果采用这一数据，根据索洛"余值"法测算得出的劳动力对产出的贡献会出现很多负值，是有违现实和初衷的[153]。考虑到我国铁路从业人员的基本工资呈现增长的趋势，所以本书将铁路从业人数与铁路人员的年平均工资的乘积作为劳动力投入指标，即铁路从业人员工资总额。

（4）技术投入指标的分析。

传统意义上的铁路技术投入主要是指铁路装备技术水平的提高，但是本书认为铁路装备水平的提高已经在资金投入的衡量指标铁路固定资产投资总额中体现。本书所定义的技术投入指标，主要包括如管理体制的改革、运输组织的优化、价格体系的调整以及市场营销的策略等指标，这些指标的共同特点是影响铁路货运系统的产出，并且定量分析比较困难，所以在实际计算中采用索洛"余值"算法来进行技术投入对铁路货运系统产出贡献度的计算。

Step2：收集系统产出指标 Y_t，资本和劳动力投入指标数据 K_t 和 L_t，形成原始数据序列：

$$Y_t = (y(t_1), y(t_2), \cdots, y(t_i))$$
$$K_t = (k(t_1), k(t_2), \cdots, k(t_i)) \qquad (5.3.5)$$
$$L_t = (l(t_1), l(t_2), \cdots, l(t_i))$$

Step3：对资本和劳动力投入指标 K 和 L 相对于产出指标 Y 的滞后现象进行检验，若存在滞后现象，则转入 Step4。反之则转入 Step5。

Step3：对存在时滞现象的投入产出指标进行时滞灰关联分析，确定时滞数 τ 和 τ'，将 K_t 和 L_t 重新生成时滞数据序列 $K_{t-\tau}$ 和 $L_{t-\tau'}$，即

$$K_{t-\tau} = (k(t_1-\tau), k(t_2-\tau), \cdots, k(t_i-\tau)) \qquad (5.3.6)$$
$$L_{t-\tau} = (l(t_1-\tau'), l(t_2-\tau'), \cdots, l(t_i-\tau'))$$

转入 Step5。

Step5：将数据序列 Y_t、$K_{t-\tau}$ 和 $L_{t-\tau'}$ 绘制曲线图，判断各数据序列的波动特征，如波动较大，则转入 Step6，反之转入 Step7。

Step6：运用 GM（1，1）模型对数据序列 Y_t、$K_{t-\tau}$ 和 $L_{t-\tau'}$ 进行模拟分析，得出调整数据序列 $\hat{Y}_t$、$\hat{K}_{t-\tau}$ 和 $\hat{L}_{t-\tau'}$，令：

$$\hat{Y}_t = \left(\hat{y}(t_1), \hat{y}(t_2), \cdots, \hat{y}(t_i) \right)$$

$$\hat{K}_{t-\tau} = \left(\hat{k}(t_1-\tau), \hat{k}(t_2-\tau), \cdots, \hat{k}(t_i-\tau) \right) \qquad (5.3.7)$$

$$\hat{L}_{t-\tau'} = \left(\hat{l}(t_1-\tau'), \hat{l}(t_2-\tau'), \cdots, \hat{l}(t_i-\tau') \right)$$

转入 Step7。

Step7：建立时滞灰色生产函数模型，$\hat{Y}_t = A_0 e^{rt} K_{t-\tau}^{\hat{\alpha}} L_{t-\tau'}^{\hat{\beta}}$，取其对数方程为：

$$\ln \hat{Y}_t = \ln \hat{A}_0 + rt + a \ln \hat{K}_{t-\tau} + \beta \ln \hat{L}_{t-\tau'}$$

运用多元最小二乘回归算法计算资本和劳动力弹性系数 a 和 β，并对计算结果进行检验。如检验合格，转入 Step8；如检验不合格，则转入 Step9。

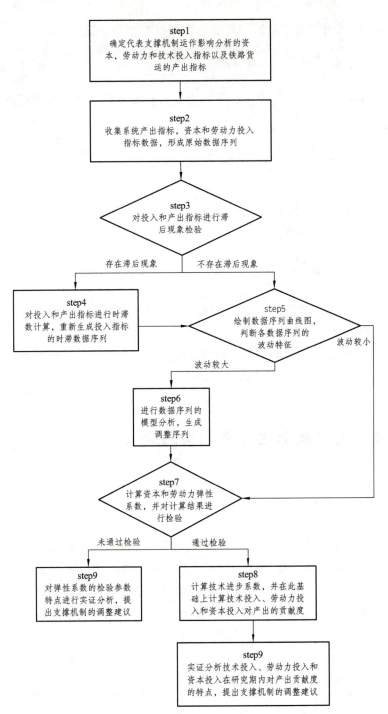

图 5-9 支撑机制运作影响分析流程图

109

Step8：运用索洛"余值"算法，计算技术进步系数，

$$\gamma = \frac{\Delta A}{A} = \frac{\Delta Y}{Y} - \alpha \frac{\Delta K}{K} - \beta \frac{\Delta L}{L} \tag{5.3.8}$$

在此基础上计算技术投入、劳动力投入和资本投入对产出的贡献度，转入 Step9。

$$E_A = \left[\frac{\Delta \hat{A}}{\hat{A}} \Big/ \frac{\Delta \hat{Y}}{\hat{Y}} \right] \times 100\% \tag{5.3.9}$$

$$E_k = \left[\alpha \frac{\Delta \hat{K}}{\hat{K}} \Big/ \frac{\Delta \hat{Y}}{\hat{Y}} \right] \times 100\% \tag{5.3.10}$$

$$E_L = \left[\beta \frac{\Delta \hat{L}}{\hat{L}} \Big/ \frac{\Delta \hat{Y}}{\hat{Y}} \right] \times 100\% \tag{5.3.11}$$

对弹性系数的检验参数特点进行实证分析，提出研究期内支撑机制各投入指标的调整建议。

Step9：实证分析技术投入、劳动力投入和资本投入在研究期内对产出贡献度的特点，提出支撑机制各投入指标的调整建议。

5.4 支撑机制运作影响实践分析

5.4.1 指标序列调整

1. 时滞分析

对支撑机制运作的资金投入指标：铁路固定资产投资额 K_t、劳动力投入指标：铁路从业人数工资总额 L_t 以及产出指标：铁路货运收入 Y_t 进行序列数据采集，见附表 2 前 6 列。运用灰色时滞关联算法来确定铁路固定资产投资 K_t 对铁路货运收入数据序列 Y_t 的时滞数 τ [①]。为了更加清楚地显示出计算结

[①] 由于现行铁路固定资产投资建设项目的周期性，对于铁路货运的收入不能马上体现，可能会出现滞后的现象，所以要对铁路固定资产投资对货运收入的时滞效应进行分析。而由于铁路从业人员的工资对从业人员生产积极性的提高的促进作用时效性明显，从而得到铁路从业人员工资总额对铁路货运收入而言不存在滞后的现象，因此不需要进行时滞分析。

果，采用表 5-5 的形式计算出各时间段铁路固定资产投资额对铁路货运收入的"时滞"灰色关联度。第二列数据表示的是以 1999—2003 年铁路货运收入为特征行为序列，分别计算以 1999—2003、2000—2004、2001—2005、2002—2006、2003—2007、2004—2008、2005—2009、2006—2010、2007—2011、2008—2012、2009—2013、2010—2014 年的铁路固定资产投资额为相关因素序列的"时滞"灰色关联度。其他列依次类推。同时表 5-5 省略了以 2010—2014、2011—2015 年的铁路固定资产投资额为相关因素序列的计算结果，因为此时的灰色关联度值只有 1～2 个，对判断时滞数参考意义不大。

表 5-5　不同时滞数时铁路固定资产投资额对铁路货运收入的"时滞"灰色关联度

τ_i	"时滞" 灰色关联度									
0	0.5967	0.6739	0.6113	0.5524	0.6598	0.6535	0.6904	**0.6483**	0.5943	0.6132
1	0.6443	**0.7022**	0.6318	0.6596	0.6612	**0.6920**	0.6666	0.5806	**0.6781**	**0.6502**
2	0.5247	0.6220	0.6605	0.6453	0.6006	0.6627	0.5792	0.6384	0.6282	0.5259
3	0.6534	0.6279	**0.6905**	**0.6847**	**0.6767**	0.5945	**0.7148**	0.5432	0.6124	-
4	0.6792	0.6498	0.6669	0.6530	0.5845	0.6232	0.5857	0.4985	-	-
5	0.6479	0.6859	0.6335	0.5926	0.5945	0.6239	0.5053	-	-	-
6	**0.6850**	0.6626	0.5782	0.5869	0.5708	0.4944	-	-	-	-
7	0.6566	0.6008	0.6953	0.6052	0.6226	-	-	-	-	-
8	0.5834	0.6879	0.5840	0.5242	0.5043	-	-	-	-	-
9	0.6778	0.6388	0.5451	-	-	-	-	-	-	-
10	0.5572	0.5060	-	-	-	-	-	-	-	-
11	0.4874	-	-	-	-	-	-	-	-	-

表 5-5 中加粗的数据是每一列的最大灰色关联度，可以看到各行的最大关联度对应的时滞数一般都集中在 1 年或 3 年，在不同时间段内的时滞值会发生变化是合理的，由于铁路固定资产统计的范围包括铁路基本建设投资、更新改造投资、机车车辆购置投资，而每年投资的方向不同，出现的时滞也不同。如该年投资方向偏重与铁路基本建设和更新改造，那么时滞就会相对较大，如偏向机车车辆购置，则时滞较低，所以各年的时滞不同，是由于受当年铁路固定资产投资的方向影响而出现的合理波动。根据第 3 章得出了铁路营业里程是影响铁路货运系统演化速度和进程最主要的参数，而铁路营业

里程的投入主要为铁路基本建设投资，其投资的产出周期一般为 3～6 年，所以可以得出铁路固定资产投资额相对于铁路货运收入的滞后应取较大值，即时滞数为 3 年，$\tau = 3$，即铁路固定资产投资的影响一般需要经过 3 年后才在铁路货运收入中得到体现。据此，将铁路固定资产投资额依次向后推迟 3 年，并加上 1996—1998 年的数据，作为资金投入的参考序列数据 K_{t-3}，如附表 2 最后一列所示。

2. 模拟调整

将各指标数据序列绘制点线图，如图 5-10 所示，从图中可以明显看出，各指标数据序列曲线都存在不同程度的波动，所以应运用 GM（1,1）模型对变量数据序列分别进行调整[160]，最终得到各投入产出指标的调整序列见表 5-6[①]。

表 5-6　各投入产出指标的调整序列表单位（亿元）

年份	铁路货运收入 $\hat{Y}_t$	铁路固定资产投资 $\hat{K}_{t-3}$	铁路从业人员工资总额 $\hat{L}_t$
1999	522.40	681.90	228.78
2000	606.93	766.70	224.05
2001	680.24	785.28	247.04
2002	762.39	804.30	254.72
2003	854.47	823.79	289.59
2004	957.67	843.75	329.23
2005	1073.34	864.20	374.30
2006	1202.97	885.13	425.53
2007	1384.26	906.58	483.78

---

① 刘思峰（2013）考虑采用 Y，K，L 的 GM（1,1）模拟值作为最小二乘回归的原始数据，能够在一定程度上消除随机波动，使得估计出的参数更为合理，得到的模型也能更为确切地反映产出与资金、劳动力和技术进步的关系。他将 GM（1,1）模型给出了 4 种基本形式的的定义和适用范围，包括均值 GM（1,1）模型（EGM），原始差分 GM（1,1）模型（ODGM），均值差分模型（EDGM）和离散 GM（1,1）模型（ODGM），并对不同模型的性质和特点进行深入研究[139]。本书根据各投入产出指标的曲线特点选用均值 GM（1,1）模型进行原始数据序列的模拟分析。

年份	铁路货运收入 $\hat{Y}_t$	铁路固定资产投资 $\hat{K}_{t-3}$	铁路从业人员工资总额 $\hat{L}_t$
2008	1511.10	1361.00	550.01
2009	1693.61	1968.75	625.30
2010	1898.16	2434.09	710.89
2011	2127.42	3009.43	808.20
2012	2384.36	3720.75	918.84
2013	2672.33	4600.21	1044.61
2014	2995.09	5687.54	1187.61

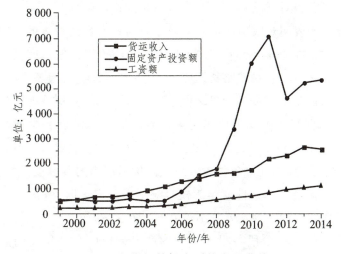

图 5-10 各指标数据序列的发展曲线图

5.4.2 支撑投入分析

1. 指标贡献度计算

根据索洛"余值"算法[161]，首先对表 5-6 内各列模拟序列数据求对数后，运用 Spass 软件分别对第一阶段和第二阶段时段的模拟对数序列进行多元最小二乘回归分析，确定出不同阶段内铁路固定资产投资产出弹性 α 和铁路从业人员工资总额的产出弹性 β，回归结果见表 5-7。

表 5-7　产出弹性的回归结果及检验参数

	第一阶段					第二阶段			
变量	参数	标准差	t检验数	显著性	变量	参数	标准差	t检验数	显著性.
$\ln A_0$	-3.699	0.443	-8.353	0.000	$\ln A_0$	0.744	0.000	0.024E4	0.000
α	1.715	0.196	8.769	0.000	α	3.784E-5	0.000	0.932	0.404
β	0.695	0.060	10.909	0.000	β	0.889	0.000	1.221E4	0.000
R^2	0.995	0.00985			R^2	1.000	0.00000		
F	811.677			0.0000	F	8.3369			0.000

从表 5-7 中第一阶段的回归结果可知，铁路固定资产投资额和铁路从业人员工资总额两种投入相对于铁路货运收入的产出弹性均为正值，并且铁路固定资产投资额相对铁路从业人员工资总额的产出弹性要大一些。各参数的标准差都很小，表明观察值间的变异较小。对各参数的投入的时间统计量来看，两者在 5%的显著性水平下均为显著，表明铁路固定资产投资额与铁路从业人员工资总额均会对铁路货运收入产生一定影响，对模型进行总体检验，无论是 F 分布还是卡方分布，显著性水平都较小，卡方检验均达到了 97%以上，拟合状况良好。由此可以确定第一阶段铁路固定资产投资产出弹性为 1.715，铁路从业人员工资总额产出弹性为 0.695，检验效果良好，所以可以根据索洛"余值"算法计算各种投入对铁路货运产出的贡献度。由于索洛"余值"算法一个很重要的条件就是规模报酬不变假定，即 $\alpha + \beta = 1$，所以将弹性进行正规化处理后，α，β 分别得 0.711 和 0.289。

根据求出的第一阶段各投入指标的产出弹性以及各年度的数据调整序列，可以求出资金和劳动力投入的年均增长率，运用索洛"余值"法的计算步骤计算第一阶段技术投入的速度以及各项投入指标对铁路货运产出的贡献度，所得到的结果见表 5-8。

表 5-8　投入指标对铁路货运产出的贡献度

演化阶段	$\Delta Y / \hat{Y}$	r	$\Delta K / \hat{K}$	$a\Delta K / \hat{K}$	$\Delta L / \hat{L}$	$\beta\Delta L / \hat{L}$	$E_{\hat{K}}$	$E_{\hat{L}}$	E_A
第一阶段	0.129	0.076	0.035	0.024	0.097	0.028	44.7	18.2	37.1
第二阶段	0.121	-	0.272	-	0.131	-	-	-	-

从表 5-7 中第二阶段的回归结果可知，虽然铁路固定资产投资额和铁路

从业人员工资总额两种投入相对于铁路货运收入的产出弹性也均为正值，模型的总体检验也较好，但是由于铁路固定资产投资额的投入弹性极小，并且显著性水平达40.4%，明显高于5%。α值显著性水平也没有通过检验，所以不能求出α，β值，进而也不能进行各投入对产出贡献度的计算，所以只能计算出铁路固定资产投资额和铁路从业人员工资总额以及铁路货运收入的年均增长率。

2. 支撑投入策略分析

由表5-8所示，第一阶段从各投入指标的贡献度来看，资金投入对铁路货运产出的贡献度最高为47.7%，技术投入其次为37.1%，劳动力投入最低为18.2%，而各项投入指标的年均增长率的排序却恰好相反，分别为0.035、0.076和0.097，均小于铁路货运收入的年增长率0.129。说明第一阶段推动铁路货运收入上升的主要贡献来源为资金投入和技术投入，并且均以较少的投入取得了较大的产出，其中尤其以资金投入带来的产出效果明显，由此可以得出第一阶段支撑投入策略应为：重点加强铁路固定资产投资和各项技术的投入力度。

虽然在第二阶段不能计算出各投入指标对于铁路货运收入的贡献度，但原因是由于资金投入的显著性效果不强而导致的，并且还可以得到这一阶段铁路货运收入的年增长率为0.121，资金投入的年增长率为0.272以及劳动力投入的年增长率为0.131，据此也可以对这一阶段的各投入指标的贡献度进行分析。即这一阶段，资金和劳动力的投入力度显著增强，但是对铁路货运收入的促进效果却并不明显，甚至出现由于资金投入对铁路货运收入的显著性效果降低而出现各投入指标贡献度无法计算的情况，如果单从货运角度考虑铁路固定资产投资，那么铁路固定资产的投资强度应逐渐降低，避免造成不必要的浪费。由此得出第二阶段支撑投入策略应为：逐渐降低铁路固定资产的投资强度，重点加强技术的投入力度。

5.4.3 实践分析框架

根据时滞灰色生产函数模型的理论方法，对我国铁路货运发展演化支撑机制运作影响进行实践分析，由此构建出支撑机制对我国铁路货运发展演化运作影响的实践分析框架，如图5-11所示。该框架将时滞灰色生产函数模型

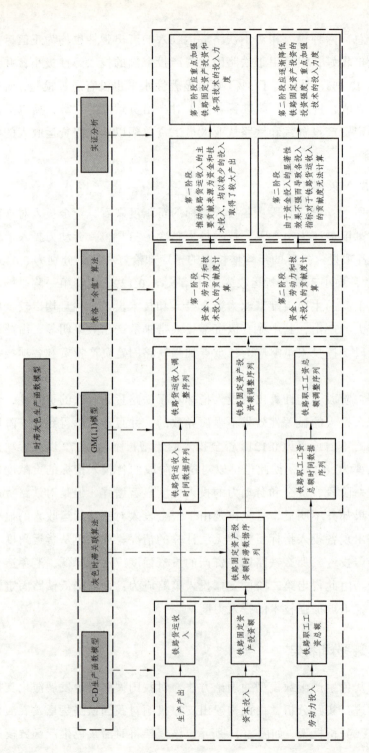

图 5-11 我国铁路货运发展演化支撑机制运作影响实践分析框架图

116

和我国铁路货运发展演化实践相结合，最终得出了支撑机制各投入指标对我国铁路货运发展演化的贡献特征，据此可以为我国铁路货运发展演化各阶段投入策略的分析调整提供实践理论指导。

5.5　本章结论

本章是从铁路货运发展演化的外部机理出发，从动力机制和支撑机制两个角度对铁路货运发展演化的动因机制进行了理论研究与实践分析。在构建出基于组合分辨系数的灰色关联分析方法来进行动力机制运作主指标的提取的基础上，结合工业化阶段划分理论和运输演化理论，设计出动力机制运作影响分析理论方法及分析步骤；运用该方法进行实践分析，得到我国铁路货运发展演化的需求动力和方向动力，从而为我国铁路货运发展演化提供了运输需求的合理性判断以及发展方向的导向性策略；在灰色生产函数中加入"时滞"变量，设计出支撑机制运作影响分析研究时所采用的时滞灰色生产函数理论模型及分析步骤；运用该模型进行实践分析，得到我国铁路货运发展演化中各项投入的贡献特征，从而为我国铁路货运发展演化提供支撑投入的导向性策略。

第6章 铁路货运发展演化的运作机制分析

6.1 评价机制运作影响实践分析

6.1.1 运作指标选取

本书对于铁路货运发展演化评价机制运作影响分析是在确定评价机制运作指标的基础上，首先将各项运作指标历年的数据绘制成数据曲线，对各评价指标的数据曲线进行发展演化特征分析，然后运用实证分析法对其为何会呈现出该种特征的具体原因进行实践分析，从而能够针对具体原因对铁路货运发展演化提出合理性建议。评价机制运作影响分析的基础就是找出铁路货运主要分析指标来作为评价机制的运作指标，据此对铁路货运发展演化进行运作影响实践分析。目前铁路货运的分析指标主要包括[114]：

（1）铁路货运量。铁路货运量是指在一定时期内，运用铁路运输工具运送的实际货物的总吨数。该指标反映了铁路运输为国民经济服务的数量，也是铁路内部进行运输生产计划的制定和检查，以及衡量铁路货运发展规模和速度的衡量指标。

（2）铁路货物周转量。铁路运输生产的效用在于实现被运输对象的位移，但铁路货运量只能反映铁路部门所运的数量，不包括运输距离因素。因此，还必须有一种能够全面反映运输数量和运输距离的复合产量指标，而以吨公里为单位的铁路货物周转量就是这样的一种以运量与运程相乘而得的复合产量指标。

（3）铁路货运收入。铁路货运收入是指在一定时期内，从铁路货物运输各个来源得到的总收入。

但是仅对上述三项分析指标的数据进行评价分析，只能找到铁路货运自身的发展演化特征，在评价机制的实际运作中，应该将上述分析指标数据进行内部和外部延伸，如在内部还要增加铁路货运品类，外延还要将铁路货运量、货物周转量、铁路货运收入和其他运输方式的相关指标进行横向比对，这样评价机制的运作影响分析才能完整有效。评价机制的运作指标体系如图6-1所示。

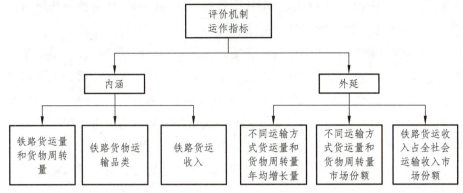

图 6-1　评价机制的运作指标体系

6.1.2　指标特征分析

1. 铁路货运量和货物周转量发展特征分析

（1）铁路货运量和货物周转量发展数据分析。

对我国铁路货运量和货物周转量的数据进行采集，并绘制发展趋势图，如图 6-2 所示。第一阶段我国铁路货运量和货物周转量均处于增长的趋势，年均增长率为 8.1%和 8.0%；第二阶段截止到 2011 年，我国铁路货运量和货物周转量仍然均处于增长的趋势，年均增长率为 6.0%和 5.4%，年均增长率比第一阶段下降了大约 2 个百分点，而自 2012 年起，货运量和货物周转量出现了"不升反降"的局面，与以往年均增长的情况形成鲜明的对比。据发改委公布的数据显示，2015 年 1～9 月全国铁路完成货运量 25.3 亿吨，同比下降 11.4%[162]。可见，铁路货运量和货物周转量在短期内还将继续保持下滑的态势。

（2）不同运输方式货运量和货物周转量年均增长率分析。

对我国铁路、公路、水运的货运量和货物周转量数据进行采集，并计算第一阶段和第二阶段全社会不同运输方式货运量和货运周转量的年均增长率，见表 6-1。将第一阶段我国铁路货运量和货物周转量的年均增长率和其他运输方式比较可以得到不同的结论。从货运量上来看，第一阶段我国铁路货运量的年均增长率为 8.1%，大于公路的年均增长率 6.4%而小于水运的

11.4%，略大于全社会货运量的年均增长率 7.0%。从货物周转量上来看，第一阶段我国铁路货物周转量的年均增长率为 8.0%，略小于公路的年均增长率 9.0%，远远小于水运的 14.7% 和全社会货运量的 12.1%。两者的分析结果不同，本书更关注铁路货物周转量的增长特点。由此可以得出，在第一阶段，铁路货物运输的增长幅度小于其他运输方式及全社会的增长幅度。第二阶段截止到 2011 年，在交通部 2008 年进一步规范了统计标准口径后，从货运量上来看，我国铁路货运量的年均增长率为 6.0%，远小于公路的年均增长率 15.4%，水运的 12.3% 和全社会的 14.0%。从货物周转量上来看，我国铁路货物周转量的年均增长率为 5.4%，远小于公路的年均增长率 15.9%，水运的 14.4% 和全社会的 12.9%，可以看出，这一时期铁路货物运输的增长幅度与其他运输方式及全社会的增长幅度的差距进一步加大。而 2012 年后，随着铁路货运量和货运量出现负增长，差距将更加显著①。

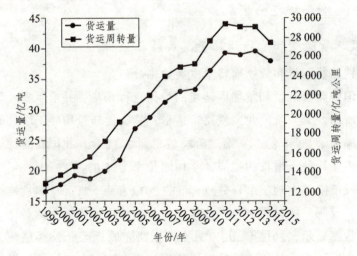

图 6-2　铁路货运量和货物周转量发展趋势图（1999—2014）

注：数据来源于中国统计年鉴。

---

① 注：为适应公路水路运输市场的特点，解决交通统计中存在的总量数据失真、统计口径不全、结构性和区域性运输量数据缺失等问题，交通部于 2008 年开展了全国公路水路运输量专项调查，进一步规范了统计范围口径。这样使两阶段的结果的可比性不高，所以本书没有进行两阶段纵向研究的比对。并且从规范后的数据上来看，2008 年以后的数据更加具有说服力。

表 6-1　各阶段不同运输方式的年均增长率单位（％）

阶段	货运量				货运周转量			
	铁路	公路	水运	全社会	铁路	公路	水运	全社会
第一阶段 （1999—2007）	8.1	6.4	11.4	7.0	8.0	9.0	14.7	12.1
第二阶段 （2008—2011）	6.0	15.4	12.3	14.0	5.4	15.9	14.4	12.9
第二阶段 （2012—2014）	-1.0	1.5	14.4	3.4	-3.0	1.0	6.3	3.0

注：数据来源于中国统计年鉴。

（3）不同运输方式货运量和货物周转量市场份额分析。

对我国全社会不同运输方式货运量和货运周转量的数据进行采集（见附表 3、附表 4）并计算第一阶段和第二阶段全社会不同运输方式货运量和货运周转量的市场份额发展趋势图，如图 6-3 和图 6-4 所示。

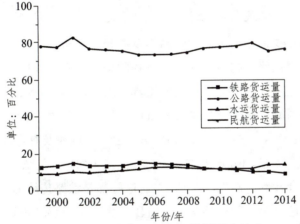

图 6-3　全社会不同运输方式货运量市场份额百分比（1999—2014）

注：数据来源于中国统计年鉴。

从图 6-3 可以看出，公路货运量市场份额始终保持在 75% 左右，比较稳定，而铁路货运量市场份额则逐年降低，水运货运量市场份额逐年提高，并在 2010 年超越铁路，成为占总货运量市场份额第二位的运输方式。

从图 6-4 可以看出，铁路货物周转量的市场占有率仍出现下降的情况，从 2008 年全国公路统计规范了统计范围口径以后，水运和公路货运周转量的市场份额稳居前二位，并逐年递增。总体来看无论在哪个阶段，铁路货物运输的市场份额都呈现逐年下降的趋势，尤其在第二阶段市场份额下降更加显著。

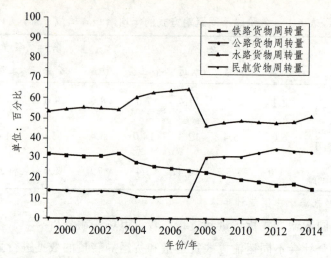

图 6-4　全社会不同运输方式货运周转量市场份额百分比（1999—2014）

注：数据来源于中国统计年鉴。

2. 货运品类发展特征分析

（1）铁路货物运输的主要运输品类发展趋势分析。

从我国国家铁路货物运输的主要货物的构成来看。我国铁路货物运输仍然是我国大宗生产性物资运输的主要工具，以 2013 年为例，如图 6-5 所示。这一时期我国国家铁路主要货物运输量前 8 位以及各占主要货物运输总量的百分比分别是：煤炭（53%）、金属矿石（12%）、钢铁及有色金属（6%）、矿建材料（4%）、石油（4%）、粮食（3%）、焦炭（3%）、化肥和农药等（3%），以上大宗货物合计约占总发送量的 85%，这些都是铁路传统的优势货运品类，由此可见，无论是第一阶段还是第二阶段，大宗货物仍然占据我国铁路货物运输的主体地位。

从我国国家铁路主要货物运输量的发展趋势图可以分析出（见图 6-6）：第一阶段大宗货物运输量呈现稳步上升的趋势，而在第二阶段大宗货物运输量呈现波动，并在 2011 年后呈现下降的趋势。大秦铁路于 2015 年 5 月 11 日发布的数据公告也印证了铁路煤炭运量继续下滑的态势。公告称 2015 年 4 月，大秦线完成货物运输量比去年同期同比减 4.61%；1 ~ 4 月大秦线累计完成的货运量同比减少 5.97%[162]。可见，大宗货物运输量下滑的趋势在短期内难以改变。

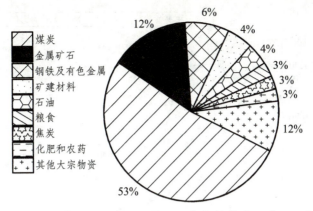

图 6-5　国家铁路货物运输的主要货物的构成图（2013）

注：数据来源于中国统计年鉴。

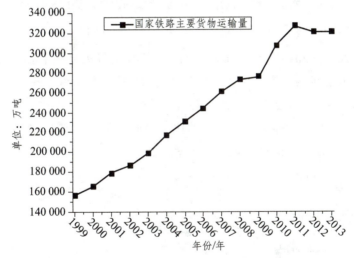

图 6-6　国家铁路主要货物运输量的发展趋势图（1999—2013）

注：数据来源于中国统计年鉴。

（2）铁路货物运输"白货"运输需求发展趋势分析。

通过对我国国家铁路运输主要货物运输量占铁路货运量的比值的发展趋势进行分析可以看出，如图 6-7 所示，无论第一阶段还是第二阶段，主要货物的运输量占铁路货运量的比值总体呈现逐年下滑的趋势，这暗示着在大宗货物仍然占据我国铁路货物运输的主体地位的同时，其他货物的铁路运输需求潜力在逐年上升。

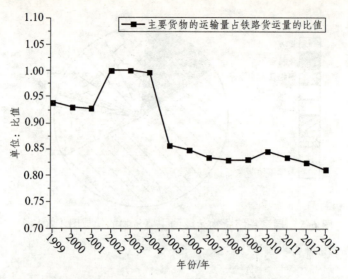

图 6-7 主要货物运输量占铁路货运量的比值的发展趋势图（1999—2013）

注：数据来源于中国统计年鉴。

根据 2005—2013 年铁路集装箱和行包运量的发展趋势来看，如图 6-8 所示，截至 2012 年两者都呈现稳步增长的趋势，这也预示着集装箱和"零散白货"的运输需求呈现逐步增长的趋势，但是根据 2012 年的数据统计资料，集装箱和行包占整个铁路总体货运量的比重很低，总和不到 3%。2013 年，集装箱和行包的铁路货运量出现严重下滑。

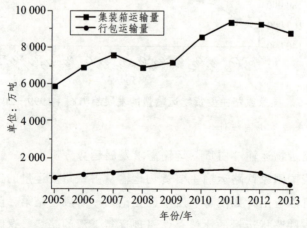

图 6-8 铁路集装箱和行包运量的发展趋势（2005—2013）

注：数据来源于各年度铁路统计公报，由于数据缺失，只能归纳出 2005—2013 的统计数据。

3. 货运收入发展特征分析[1]

对我国铁路货运收入数据进行采集并绘制发展趋势图，如图 6-9 所示。第一阶段铁路货运收入呈增长的趋势，特别是从 2003 年起呈现快递增长的趋势，铁路货运收入显著上升，年均增长率为 15%；第二阶段铁路货运收入的收入增长速度变缓，截至 2013 年年均增长率为 10.8%。2014 年，铁路货运收入开始下滑，比上一年降低了 3.1%。由此可见，在第一阶段，铁路货运收入稳定上升，在第二阶段铁路货运收入增长速度放缓，特别是在 2014 年后，铁路货运收入出现负增长的趋势。

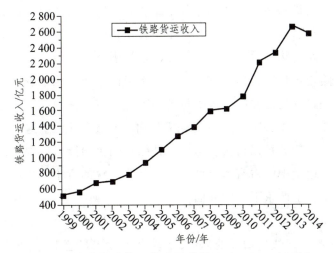

图 6-9　铁路货运收入的发展趋势图（1999—2014）

注：数据来源于中国统计年鉴。

6.1.3　特征原因分析

从上述评价机制运作指标的发展特征可以看出，不同阶段运作指标的发展特征总体上存在差异，在总结出不同阶段运作指标发展特征的基础上，本节对第一阶段和第二阶段运作指标发展特征的原因进行进一步分析。

1. 第一阶段特征原因分析

（1）从铁路货运量和货运周转量发展特征来看，货运量和货物周转量逐

---

[1] 注：由于全社会货运收入数据难以查询，所以本书对铁路货运收入占全社会货运收入的市场份额没有进行分析。

年增加，这是由于铁路货物运输的主要运输品类特征决定的，大宗货物如煤炭、金属矿石、钢铁及有色金属都是铁路传统的优势货运品类，大宗货物仍然占据我国铁路货物运输的主体地位，并且在这一阶段的运量呈稳步增长的特点。

但这一阶段铁路货运量和货运周转量的增长幅度均小于其他运输方式及全社会的增长幅度，并且市场占有率逐年下降，主要原因来自两个方面：一是铁路货物运输供给能力的紧张，运输能力远远不适应大宗货物的运输需求，严重限制了铁路货运量和货运周转量的增长幅度；二是由于铁路运能的限制，在满足不了大宗货物运输需求的条件下，铁路一直具有优势地位的大宗货物运输面临着公路运输的强烈竞争，大量中长途货物选择了公路运输。

（2）从铁路货物运输"白货"运输需求发展特征来看，由于主要货物的运输量占铁路货运量的比值总体呈现逐年下滑的趋势，预示着在大宗货物仍然占据我国铁路货物运输的主体地位的同时，"白货"货源在以超过传统铁路优势货源的速度增长，"白货"的运输需求潜力在逐年上升，这也可以从集装箱和行包的增长趋势可以得出。但由于铁路运输供给能力的限制，集装箱和行包在铁路货运量中的占有率极低，导致公路运输的竞争力日益增强，集装箱和行包也出现了严重下滑的局面。

（3）从铁路货运收入来看，这一阶段铁路货运收入呈增长的趋势，特别是从 2003 年起呈现快递增长的趋势，铁路货运收入显著上升，原因主要来自两个方面：一是由于占铁路货物运输主体地位的大宗货物的运量逐年上升；另一原因是基于 2002 年铁路货运价格机制的形成，从 2003 年起原铁道部可在特定时间段在一定范围内申请调整铁路运价，根据业内通常的推算法，提价 1.5 分可新增 300 亿元收入[163]。因此在运量上升和运价调整的双重推动下，第一阶段铁路货运收入呈现显著上升的趋势。

由此可见，第一阶段出现各运作指标出现以上特征的根本原因是由于铁路货运供给能力的不足，所以这一阶段铁路货运主要解决的应是提高铁路货运供给能力不足的问题。

2. 第二阶段特征原因分析

（1）从铁路货运量和货运周转量发展特征来看，货运量和货物周转量仍然呈现逐年增加的特点，但是增长的幅度已经小于第一阶段，2012 年，货运量和货运周转量出现下滑，主要原因由于这一阶段，大宗货物如粮食、煤炭、冶金矿石仍然是铁路货物运输的主体，但是近年来，一方面由于煤炭，粮食，冶金物资，石油进口量均逐年提高，造成我国国内产销下降，国内大宗货物运输需求下降；另一方面随着各地都修建粮仓，粮食大部分进行就地存储，煤炭和冶金矿石的就地转化，以及冶金煤炭等重工业的不景气，大范围运输需求降低，导致大宗货物的运量的缓慢增长和下滑[164]，伴随而来的就是铁路货运量和货运周转量的缓慢上升和下降。

这一阶段，铁路货运量和货运周转量和其他运输方式及全社会的增长幅度的差距进一步增大，市场占有率的下降幅度也更加明显，主要原因来自三个方面：一是由于铁路货运量和货运周转量增长幅度的减缓并出现下滑所导致；二是大宗货物的运输需求虽然在逐步降低，但是在运输供给能力没有得到改善的情况下，大宗货物的运输需求难以满足的局面仍然难以得到改观；三是公路运输的市场竞争进一步加大，根据相关数据分析表明，400 千米以上的中长途货物货运量公路达到了 228 094 万吨，占铁路货物运输总量的69.0%，货物周转量为 19 994.8 亿吨公里，占铁路货物运输总量的 76.64%，说明在这一阶段，公路运输进一步抢占了大宗货物的货源。

（2）从铁路货物运输"白货"运输需求发展特征来看，这一阶段随着物流业和电子商务蓬勃发展，"白货"的运输需求量递增，但在铁路货运运输能力限制的情况下，仍然将主要运力进行大宗货物的运输，而"白货"的运输主要由公路和其他运输方式完成，导致"白货"在铁路货运市场的占有率逐年下滑，并在 2013 年出现了集装箱和行包的铁路货运量从之前的逐年增长出现严重下滑的局面。

（3）从货运收入来看，截止到 2011 年，在铁路货运量和货运周转量的缓慢增长和铁路部门对于铁路货物运价的不断调整的双重作用下，铁路货运收入呈现稳步增长的态势，但是 2012 年后，在铁路货运量和货运周转量的出现下滑的局面下，铁路货物运价的不断上涨成为了铁路货运收入依然保持持续增长的主要因素，从 2003 年以来铁路已进行了 11 次运价调整，从 2015 年 8月 1 日起，我国铁路货运即将执行新的货运标准：由平均每吨公里 14.51 分钱提高到 15.51 分钱，并作为基准价，允许适当上浮，上浮幅度最高不超过10%，这是中国铁路总公司（下称中铁总）货运组织改革实施以来的第二次货运提价[165]。但是近几年，随着其他运输方式的飞速发展，以及运价缺少灵活性调整的机制，铁路的运价的优势已经逐步减弱。特别是在经济发达的地区，铁路货运的价格已经高于公路和水路运输。通过调查，以机械为例，单就铁路运价一项，1500千米以内的运费较公路总费用高30%～50%，加上其他装卸杂费，铁路运输基本上无竞争。如表6-2所示为上海铁路局管内不同OD的铁路、公路和水运的运价。对比分析可知，两端接续专用线的大宗物资及涉及国计民生的石油、粮食等物资，铁路运价明显低于公路价格，但仍较水运高出30%～60%，对于部分机械的运输，铁路的运价也高于公路的运价。在这种情况下，单靠铁路货物价格的调整已经不能支撑铁路货运收入的增长，所以在2014年，铁路货运收入呈现下降的局面。

由此可见，第二阶段出现各运作指标出现以上特征的根本原因主要包含三个方面：一是铁路货运供给能力的不足；二是对"白货"运输需求的关注度不够；三是铁路运价的竞争力降低。所以这一阶段铁路货物运输主要解决的应是继续提高铁路货运的供给能力，并提高"白货"运输需求的供给质量，同时进行铁路货运价格的调整。

表6-2　上海铁路局管内不同运输方式运价对比

| 品类 | 发送地 | 到达地 | 公路 | | 铁路 | | 水路 | |
			价格（元/吨）	在途时间（天）	价格（元/吨）	在途时间（天）	价格（元/吨）	在途时间（天）
水泥	前亭	阜阳西	65	6小时	58	3	46	15
生铁	前亭	马鞍山	110	1	76	4		
石灰石	前亭	连云港东	60	4小时	50	2		
装载机	徐州北	昆明	366	2	500	5		
压路机	徐州北	乌鲁木齐	366.6	2	606.6	7		
煤炭	铜山	兴卫村	80	1	55	3	25	15
化工	浦镇	徐州	130	1	120	5	80	5
石油	兴卫村	湘潭东	280	2	150.1	6		
铁塔架	苏州西	兰州	200	2-3	350	8-10		
集装箱	昆山	大红门	240	2	195	7		
纸	苏州西	呼和浩特	110	2-3	220	8-10		
柴油机	无锡南	哈尔滨	280元/台	3	120元/台	9		

注：数据来源于《运能释放后区域通道与集疏运系统能力优化配置研究报告》，2013。

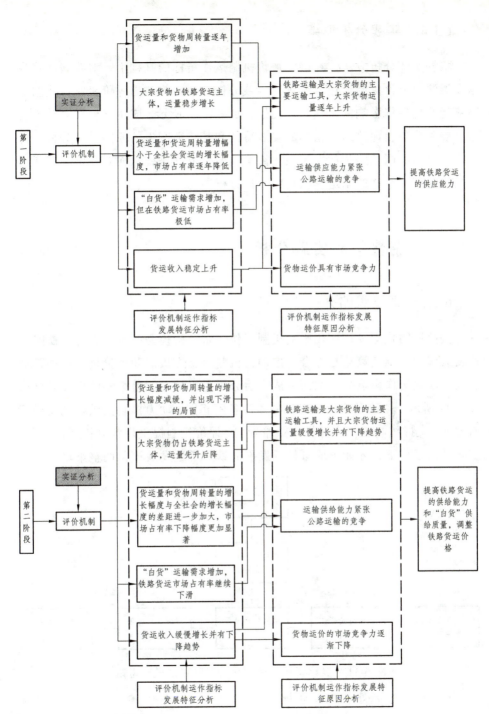

图 6-10　我国铁路货运发展演化评价机制运作影响实践分析框架图

6.1.4 实践分析框架

根据实证分析方法，在确定评价机制运作指标的基础上，对我国铁路货运发展演化评价机制运作影响进行实践分析，由此构建出评价机制对我国铁路货运演化运作影响的实践分析框架，如图 6-10 所示。应用该框架对铁路货运发展演化各项评价运作指标的发展特征和其特征产生的原因进行分析，可以得出目前我国铁路货运发展演化需解决的主要问题，从而对我国铁路货运发展演化调整策略的制定提供现状评价分析导向。

6.2 调整策略实践分析

6.2.1 调整策略分析

按照铁路货运发展演化影响机制运作体系结构模型的基本思想，铁路货运发展演化的调整策略是综合考虑动力机制、支撑机制和评价机制对铁路货运发展演化运作影响分析的研究成果后分析得出的，调整策略的形成思路如图 6-11 所示。三种影响机制提供的角度各不相同，动力机制提供宏观发展策略导向，支撑机制提供支撑投入策略导向，评价机制提供现状分析评价导向，三者共同运作下，才能形成可持续发展的铁路货运发展演化调整策略。

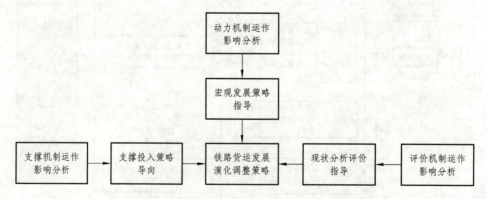

图 6-11　铁路货运发展演化调整策略的形成思路

1. 第一阶段调整策略分析

从基于动力机制对铁路货运发展演化运输需求特征分析的结论来看，这一阶段第三产业带来的运输需求是铁路货运发展演化的第一动力，动力主要来自于"白货"的运输需求，同时由于第二产业仍然是铁路货运发展演化的次要动力，大宗货物的运输需求仍然是铁路货运的需求主体。这也从评价机制运作指标特征分析中得到的"白货"运输需求增加和大宗货物运量逐步增长的结论中得以显现，可见这一阶段大宗货物及"白货"的运输需求是铁路货运系统的主要运量来源，所以第一阶段的调整策略中应重点加强对大宗货物和"白货"运输需求的满足。

从基于支撑机制对铁路货运发展演化的影响分析结果来看，推动铁路货运收入上升的主要贡献来源为资金投入和技术投入，并且均以较少的投入取得了较大的产出，其中尤其以资金投入带来的产出效果明显，由此可以得出第一阶段的投入策略应为重点加强铁路固定资产投资和各项技术投入的力度。通过评价机制运作指标特征分析结果也可以看出，由于铁路货运供给能力紧张，长期占我国铁路运输主体地位的大宗物资的运输需求难以得到满足，大量中长途货物运输选择了公路运输，铁路一直具有优势的大宗货物运输面临着公路运输的强烈竞争，在大宗物资的运输需求都得不到满足的情况下，对于"白货"的运输需求更是难以顾及。因此，第一阶段的调整策略中应加大资金和技术的投入，从而提高和挖掘铁路货运的供给能力。

从动力机制对铁路货运发展演化运输特征的分析结论也可以看出，目前我国正处于运输化阶段后期，铁路货运的宏观发展演化导向主要应以数量增长为主，而数量增长一个重要的解决方式就是加大资金的投入，因此第一阶段调整策略中应重点加大资金的投入，加快铁路运输网络建设，以提高铁路货运的供给能力。

综合以上对各影响机制运作影响研究成果的综合分析，可以得出第一阶段铁路货运发展演化的调整策略应为：重点加大资金投入，加快铁路运输网络建设，同时提高技术投入，从而提高和挖掘铁路货运系统的的供给能力，在保障大宗物资运输需求的基础上，满足"白货"日益增长的运输需求。

2. 第二阶段调整策略分析

从动力机制对铁路货运发展演化运输需求特征分析的结论来看，这一阶段对外贸易带来的运输需求是铁路货运发展演化的第一动力，从而导致大宗货物运输需求下滑以及集装箱进出口运输需求显著上升，并且由于国家经济水平成为了铁路货运发展演化的次要动力，从而导致大宗货物的运输需求也将出现下滑的趋势，同时"零散白货"的运输需求显著上升。这也从评价机制对铁路货运发展演化特征的分析结果，即大宗货物的运量增长幅度减弱并出现下滑，铁路货运量市场占有率降幅显著以及行包，集装箱运量的逐步增长的分析结果中得以显现。所以这一阶段的调整策略应关注在大宗货物运输需求下滑的趋势下，如何重点加强集装箱进出口运输和"零散白货"运输需求的满足。

从评价机制对铁路货运发展演化特征的原因分析结果可知，虽然这一时期大宗货物的运输需求量虽然出现增速缓慢的趋势，但由于铁路货运供给能力的紧张依然满足不了大宗货物的运输需求，公路的竞争进一步加剧，而"白货"的运输需求也由于长期得不到满足，铁路市场的占有率也逐年下滑，并且由于货物运价市场竞争力的降低，从而导致货运收入的增长缓慢并出现下滑的趋势。所以这一阶段的调整策略中应继续提高铁路货运的供给能力，并提高"白货"运输需求的供给质量，同时进行铁路货运价格的调整。

这一阶段虽然铁路的资金投入得到了加强，但从支撑机制对铁路货运发展演化的影响分析可知，资金的投入对铁路货运收入的相关度极度减弱，所以这一阶段的调整策略中铁路部门的投资策略应逐步降低铁路固定资产的投资强度，而主要从技术投入和劳动力投入加强对铁路货运的支撑投入。

从动力机制对铁路货运发展运输特征的分析结论来看，目前我国正处于初步运输化向完善运输化阶段发展，铁路货运的宏观发展演化导向应该是从数量增长逐渐过渡到提高运输技术和质量，并向综合物流和集装箱联运方向发展。所以这一阶段的调整策略从宏观上应分为两个方面，一是加快铁路运输网络建设，以提高铁路货运的供给能力。二是在铁路货运供给能力得到改善的同时，逐步放缓铁路固定资产的投资强度，提高运输质量，并向综合物流和集装箱方向发展。

综合以上分析结论，可以得出在第二阶段铁路货运发展演化的调整策略应为：在加强铁路运输网络建设，逐步满足铁路货运供给能力的同时，逐步放缓铁路固定资产的投资强度，而逐渐把调整策略过渡到提高技术和劳动力投入并调整运价，提高运输服务质量，在满足大宗货物运输需求的基础上，满足集装箱进出口运输和"零散白货"的运输需求，并向综合物流和集装箱联运方向发展。

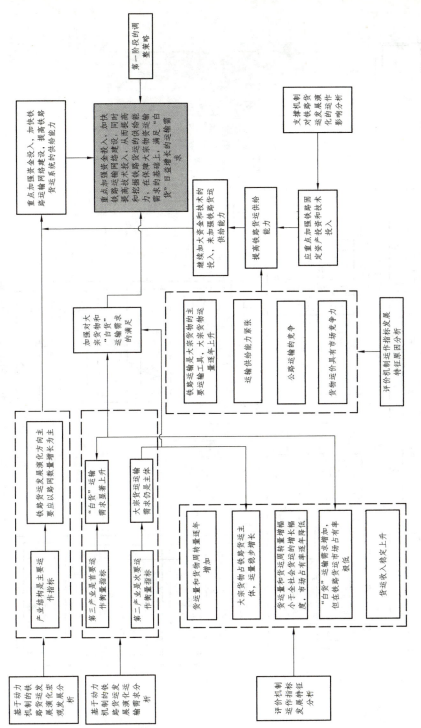

图 6-12 第一阶段调整机制策略分析框架图

133

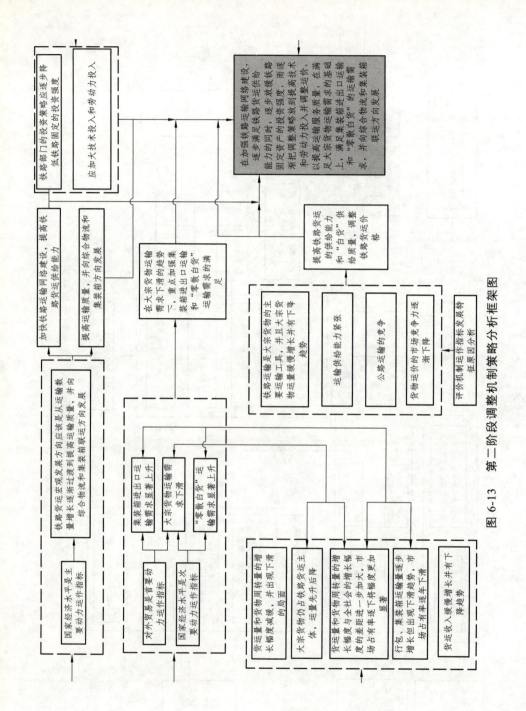

图 6-13　第二阶段调机制整策略分析框架图

6.2.2 实践分析框架

根据铁路货运发展演化影响机制运作体系结构模型的基本思想，对动力机制、支撑机制和评价机制影响分析的研究成果进行综合分析，本书得到了铁路货运发展演化各阶段的调整策略，并绘制了实践分析框架图，如图 6-12 和图 6-13 所示。

6.3 调整机制运作影响实践分析

6.3.1 运作实证分析

当评价机制运作影响分析的结果显示铁路货运发展演化不适应社会经济的运输需求时，应运用调整机制对铁路货运发展演化进行调整，调整策略的运作影响分析采用的是实证分析法和比较分析法。由于支撑机制的运作影响分析中已经包含资本和劳动力投入，所以对调整机制的运作影响主要是从支撑机制中的技术投入来进行分析，由于技术投入指标主要包括如管理体制的改革，运输组织的优化，价格体系的调整以及市场营销的策略等指标，所以本文从管理机制、运输组织模型和市场营销三个方面对调整机制运作影响进行分析。

1. 管理体制改革运作实证

2003 年，为适应运输生产力发展的需要，我国铁路进行了生产力布局调整，生产力布局调整经历了两个阶段。第一阶段为 2003 年 6 月~2005 年 3 月，也就是实施铁路局直接管理站段以前，这一阶段各铁路局的布局调整是在有分局的情况下进行的。第二阶段是 2005 年 4 月~2006 年 10 月，2005 年 3 月 18 日，全国铁路实施了铁路局直管站段体制改革，撤销 10 个铁路局其下属的 41 个铁路分局，同时增设武汉、太原和西安 3 个铁路局，全国共设立 18 个铁路局（公司），所有铁路局（公司）实行直接管理站段的管理体制。

2005 年，铁路投融资体制取得突破，铁道部先后和 21 个地方政府签订了涉及 158 个铁路建设项目的战略合作协议,公开招商引资 43 个包括武广客运专线在内的重点建设项目。

2008 年 3 月，在《国务院关于机构设置通知》中确定保留铁道部。2009年 3 月，在《铁道部主要职责、内设机构和人员编制规定》中，确定我国铁路实行铁道部、铁路局（公司）和直属站段的三级管理体系。

2013 年 3 月，在《国务院机构改革和职能转变方案》中，撤销铁道部，组建国家铁路局，隶属于交通运输部。由中国铁路总公司（以下简称"中铁总"）负责承担原铁道部的企业职责，铁路企业正式与政府主管部门脱钩。

2013 年 6 月，"中铁总"在全路开展了以"全面改善铁路货运服务"为目的的铁路货运组织改革。在这次改革中，在生产经营的组织架构方面，形成了货运中心—车务站段协调化运作与车务站段—货运中心—体化运作两种模式。同时，原本属于中铁快运、中铁集运和中铁特货的大部分资产和管理权限均交还给各路局，由路局整合。

2015 年 4 月，"中铁总"铁路现代物流建设现场会在沈阳召开，提出中国铁路要全面向现代物流企业进行转型，铁路局要转型为区域内最具影响力的物流企业，"中铁总"要转型为国际化、市场化的物流总部企业。

2015 年 7 月，国家发改委网站公布了《关于进一步鼓励和扩大社会资本投资建设铁路的实施意见》，提出全面开放铁路投资与运营市场、推进投融资方式多样化、完善社会资本投资的实施机制、进一步改善社会资本投资环境、加大对社会资本投资的政策支持、建立健全工作机制等六大方面内容。

2. 运输组织模式改革运作实证

这一阶段运输组织的改革主要是为了解决我国铁路运输能力长期以来供给不足的主要问题。针对这种情况，我国铁路进行了一系列的运输组织改革。

自 1997 年 4 月 1 日我国铁路进行第一次大提速到 2007 年以来实施的六次铁路大提速，铁路的市场导向型运输组织理论开始逐步建立。

2003 年以来，我国铁路通过"站段整合""两整合一建设""集装箱中心站建设"和"路企直通"战略的实施和推进，实现了集约化的货流源头；通过改造运输设备和优化整合运输资源，优化了运输组织，简化了运输环节，实现了运输生产流程再造和货流列流的对接。从货流源头组织开始，通过集中货流和车流，在装车站组织列车，利用装卸站直接发到列车，整列卸车，有效地释放了路网能力。转变车流径路优化调整方法和理念，实施调流与增量并举的"一主两翼""两线三区域"战略。

由于运力紧张和为满足大宗货物的运输需求，2006年11月1日，铁路只在少数车站办理零担货物的直达运输，并且停止办理了零担货物运输的中转业务。

为了从根本上解决我国铁路货运供给能力不足的局面，2008年国家批准中长期铁路网规划调整，进行高速铁路的大规模建设，实行客货分离的运输组织模式使我国铁路货运的供应能力得到了显著的缓解和释放，能够满足国民经济和社会发展需要。在重载运输方面，打造煤运通道，形成技术作业过程统一，集、疏、运计划编制统一和组织实施统一的组织模式。

自2013年实施货运组织改革以来，在运输组织方面全面进行的改革主要是根据我国货物运输供应能力的缓解和释放的条件下，围绕如何高效开发和利用铁路货运能力的利用率而开展的。在运行组织方面实行了"实货制"的运输组织模式，包括做好货源的核实工作，细分货运市场，根据客户需求编制运输计划，加强运输计划的信息化建设以及运力的公正公开配置等。

2015年以来，随着铁路向现代物流转型的实施，铁路传统的只进行"站到站"的"内涵式"货运运输组织拓展为"门到门"的"外延式"全程物流运输组织。

3. 市场营销改革的发展实证

在运输能力十分紧张的情况下，在货运产品方面，铁路开展了大量增开大宗货物直达列车和远程直达货物列车，大力开行集装箱快运班列，大幅增加"五定"班列运行线和进一步优化货运产品结构，初步形成铁路快捷货运网络的货运产品营销改革措施。

2005年年初，铁道部明确提出了实施铁路大客户战略，将重点行业中的重点企业纳入到大客户运输中，对大客户进行全过程的组织服务和运力保障。

实施高铁战略以来，我国铁路的货运能力得到了极大的释放，逐渐从运能紧张型转变成为基本平衡甚至略有富裕，但是货运量和货运周转量却出现了下滑的趋势，在这种情况下，就必须进行市场营销的全面改革。这一阶段市场营销改革的主要内容为：

（1）全面改善铁路货运服务。

2013年铁路货运组织改革围绕全面改善铁路货运服务展开，主要内容包括：改革货运受理方式和运输组织方式、规范货运收费、大力发展"门到门"

的全程物流服务等。

（2）加大"零散白货"营销力度。

2013年6月至8月，各铁路局（公司）开始对管内的生产组织和货运业务进行了重组。2013年9月至2014年3月，各铁路局（公司）的全方位开展了货运营销工作，包括通过互联网、官方微博、微信群、各种展会和推荐会等。同时，"中铁总"也着手制定和完善货运组织规程方面的规章制度。2014年4月至9月，"时效性"的货物运输产品化开发试验在全路展开，包括货物快运班列、电商班列、高铁快递、自驾汽车运输专列等新型货运产品开始逐渐推广。

（3）大力发展集装箱运输。

为大力发展集装箱运输，"中铁总"推出包括规范收费、加快箱体周转、优化货物品类、扩大集装箱办理站数量、发展铁水联运和加强信息服务等一系列服务措施。此外，"中铁总"还围绕"一带一路"的发展要求，加大了中欧班列、中亚班列以及铁水联运集装箱快运列车的运行线路。2015年1月，"中铁总"发布了《中国铁路总公司大力发展自备箱运输提高集装箱铁路运量的通知》，就是为了解决目前铁路箱源不足的问题，吸引企业自备箱上线，大力发展集装箱公铁，铁水联运市场，促进集装箱的增运增收。

（4）加速铁路货物运输全面向现代物流转变。

2015年围绕着"铁路向现代物流转型"的内涵，各铁路局全面开展物流增值服务。与此同时开始发力电商，"中铁总"于2015年4月10日上线专门的货运交易平台95306网站，取消货物受理中间环节，对货物进行敞开受理和直接受理。

6.3.2　运作效应分析

1. 第一阶段运作效果分析

从管理机制的运作来看，这一阶段生产力布局调整等改革促进了铁路体制的发展。从运输组织模式的运作来看，通过六次铁路大提速和改变货流、车流、列流的组织方式，提高了线路的通过能力，缓解了我国铁路运能长期不足的状况。从市场营销运作来看，各种货运品牌列车的发展，使运输产品贴近了市场的需求，"大客户战略"为大客户提供了运力保障。这一阶段调整机制各项运作指标基本都是围绕如何挖掘和提高铁路货运系统的供给能力而运作的，符合第一阶段调整策略的基本思路，但是并没有从根本上缓解铁路货运系统供给能力不足的局面，使得这一阶段调整机制运作挖掘和提高的供给能力只能勉强满足大宗货物的运输需求，而这一阶段"白货"运输需求的显著增长难以得到满足，铁路货运部门甚至逐渐缩小并取消了"零担"运输。

2. 第二阶段运作效果分析

从管理体制运作上来看，从 2013 年成立中国铁路总公司，到货运中心的成立，再到向物流企业的转变，铁路已经实现政企分离并将全面推向市场化运作，铁路体制有了根本性的转变。从运输组织模式的运作来看，"高铁战略"实施将为铁路带来大约 10 亿吨货运能力释放，其中"四纵四横"的高铁网络将直接带来大约 6 亿吨货物运输能力的释放，"高铁战略"下我国主要干线货物运能释放的进程见表 6-3。

表6-3　"高铁战略"下我国主要干线货物运能释放能力估算表单位（万吨）

主要干线	2009	2010	2011	2012	2013	2014*	2015*	能力目标
京广线	6000	0	0	5000	5000	0	0	16000
京沪线	8000	0	5000	0	5000	0	0	18000
哈大线	5000	0	0	4000	0	3000	0	12000
沿海铁路	0	0	0	0	0	2000	1000	3000
陇海线	6000	1000	0	0	3000	0	5000	15000
沪昆线	5000	0	1000	0	3000	5000	0	14000
沪汉蓉	0	0	0	4000	2000	0	4000	10000
太石济青	3000	2500	0	0	0	1	5000	10501
合计	33000	3500	6000	13000	18000	10001	15000	98501

注：数据来源于《2014 年铁路行业分析报告》，2014。

在"高铁"战略下，铁路货物运输运能紧张的情况大为改善，大部分运输通道的运输能力都得到了缓解和释放，能够保证大宗物资的运输需求。在这种情况下，运输组织模型主要是围绕如何高效开发和利用铁路货运能力的利用率而开展。从市场营销运作来看，这一阶段，随着产业结构和生产力布局的不断调整，加之公路、水路运输方式的竞争，货物运输市场需求产生了极大变革，白货的运输需求明显提升，市场需求已从"少批次、长周期、少品种"向"多批次、短周期、多品种"逐渐转变，随着大宗生产性物资的铁路运输需求在逐年的下降和波动，出现了铁路货物运输整体下滑的局面，这一阶段的市场营销的运作主要是围绕如何提高铁路货运市场的竞争力，在保证传统大宗物资的基础上，如何改善市场状况和服务状况，多方面争取货源和收入渠道，以缓解和改善铁路货物运输下滑的局面，努力使铁路货运走上正轨。通过最新的数据显示，目前铁路在"零散白货"、集装箱和综合物流方面都保持了持续增长的良好态势。总之，这一阶段调整机制各项运作指标符合第二阶段调整策略的总体思路，即继续提高铁路货运的供给能力并在铁路货运供给能力得到缓解的情况下，认清大宗货物运输需求下滑以及集装箱、"零散白货"的运输需求上升的运输需求特征，多方面争取货源和收入渠道，加快铁路向集装箱化和综合物流化方向发展。

3. 整体运作效果分析

从总体来看，针对不同阶段我国铁路货运发展演化调整机制的运作是符合调整策略的，也取得了一定的效果，但关键之处在于调整机制在实际运作中的"滞后"效应，正如王庆云（2007）在中国交通发展的演进过程及问题思考中对中国交通业的基本特点的分析所描述的那样，中国基础设施发展在较长时间内采取的是"滞后型"发展模式[137]。而从我国铁路货运调整机制的整体运作来看，不仅仅是基础设施的滞后，还存在着管理体制和市场营销等方面的"滞后"。

在体制方面，尽管各个阶段的管理机制改革促进了铁路体制的发展，但铁路仍是传统产业部门中仅有的几个最后脱离政府直管企业的部门之一，并且从 2013 年的机构改革到现在，政企分开尚未真正落实到位。在运输组织方面，随着铁路货物运输供给能力的改善，已经提供出了运输能力空间，而铁路并没有认清这一阶段大宗货物运输需求下滑以及集装箱、"零散白货"的运输需求上升的运输需求特征来多方面争取货源和收入渠道，而还是专注在如何提高传统大宗货物的运量上，直到出现运量大幅度下滑，才开始进行货运改革。而目前货运改革还处于"摸石头过河"的阶段，在实际运作过程中还出现诸如各铁路局之间，"前店"和"后厂"之间如何有效衔接、如何提高运营效率、减少运营成本等一系列问题。

在市场营销上，公路、水路和航空均较早采用了市场导向的经济管理模式，推进了市场化的改革，通过经营方式的转变、服务内容的拓展以及服务质量的提高，逐渐向服务一体化的第三方物流企业转变。随着大量的第三方物流企业的兴起，这些企业已经能够利用高效的运输组织方法节省成本，为货主提供全程的物流服务，如上海港、青岛港，深圳港等沿海港口早已成为知名的物流节点。而铁路推行货运新产品并向现代物流的转型才刚刚开始，诸如如何尽快加强货运新产品的落实，避免"一把抓"，以及如何建设适应现代物流的货运中心，搭建适应现代物流的网络信息平台，有效开展电子商务等一系列问题尚待解决。

6.4　本章结论

本章是从铁路货运发展演化的外部机理出发，对铁路货运发展演化的运作机制进行实践分析。在选取评价机制运作指标的基础上，对各运作指标的特征及原因进行了分析，得出目前我国铁路货运发展演化需解决的主要问题，从而对我国铁路货运发展演化调整策略的制定提供现状评价分析导向。根据铁路货运发展演化影响机制运作体系结构模型的基本思想，对动力机制、支撑机制和评价机制影响分析的研究成果进行综合分析，得到了铁路货运发展演化各阶段的调整策略。将调整策略和调整机制的实际运作进行比较分析，得出目前我国铁路货运发展演化调整机制的实际运作总体上是满足调整策略的要求的，但存在明显的"滞后"效应。

研究表明，从各项影响机制的运作影响实践研究出发而得到的调整策略适用于我国目前铁路货运发展演化的实际，可以使各相关部门对于铁路货运发展策略的制定具有前瞻性，为解决社会经济发展对货物运输需求的快变性与铁路货运供给慢变性这两种背反特征间的均衡难题提供科学有效的理论支持和实践指导。

结　论

　　本书以我国铁路货物运输作为研究对象，在对以往相关文献进行综述分析和演绎推理的基础上，通过对我国铁路货运发展演化机理的阐释，从内部机理和外部机理两个角度对铁路货运发展演化的生命周期特征、区域空间特征以及影响机制运作进行研究，系统构建了一个铁路货运发展演化机理研究理论及实践框架体系。基于此研究框架，可以清楚认知我国铁路货运发展演化的特征规律及策略导向，从而为规范指导我国铁路建设的规模和时序、科学制定我国铁路货运的发展政策、全面促进我国铁路货运的可持续发展提供理论支持和实践指导。

　　1. 主要研究结论

　　（1）对铁路货运发展演化机理进行了基本阐释。包括在生物进化论和铁路货运演化之间建立了隐喻关系，并对铁路货运演化及演化机理的概念进行了阐释；基于工程演化论所研究的重点内容阐释出铁路货运发展演化机理的研究范围；基于系统论对铁路货运系统及其序参量进行了阐释；基于运输需求和供给角度，从动力机制、支撑机制、评价机制和调整机制四个方面建立了铁路货运发展演化影响机制运作体系结构模型，并对该结构模型中各影响机制的相互关系进行了阐释。

　　（2）基于时间尺度对铁路货运发展演化的规律特征进行研究。运用多项式函数对铁路货运发展演化研究曲线进行拟合分析，得到了我国铁路货运发展演化是呈非线性无限发展的 4 阶段生长特征；将生长曲线理论移植到铁路货运发展演化的规律特征分析中并进行算法改进，根据调整拟合优度最大隶属原则，设计出基于调整拟合优度的生长曲线模型算法；将该模型算法实践应用到我国铁路货运发展演化的规律特征研究中，研究表明，我国铁路货运发展演化遵循着连续型生长曲线的生长形式，经历着萌芽期（1949—1969年），发展期（1970—1988 年），调整期（1989—1998 年）和繁荣期（1999—2022 年）四个生命周期，每一个生命周期都遵循着发生、成长到成熟的生长阶段。目前我国铁路货运正处于第四生命周期中的成长阶段，该周期将在2022—2023年间结束，铁路营业里程将达到11.3万千米（不包括高速铁路里程）。研究表明，和运用传统的非线性函数模型只能划分出我国铁路货运发展演化的一般阶段不同，基于调整拟合优度的生长曲线模型算法可以准确解读出我国铁路货运发展演化的周期阶段和规律特征。这对于明确铁路货运发展演化规律，统一铁路货运发展认识和指导铁路建设规模时序有着很强的理论和现实意义。

（3）基于空间尺度对铁路货运发展演化的区域空间特征进行研究。根据可塑性面积单元问题、尺度空间融合理论及空间运输联系理论等相关理论来源，从空间位置邻近性和运输联系相关性的角度设计出空间单元融合算法；运用该算法对我国铁路货运区域空间的分布特征进行实践分析，将我国铁路货运空间范围分为6大区域空间；在区域空间划分的基础上通过对不同区域空间的运输联系及货流特征进行分析，得到我国铁路货运各区域演化的功能定位及货运通道的发展方向；基于经济系数对我国铁路货运区域空间进行分析，得出了我国铁路货运未来将呈现7大区域空间分布的演化趋势。研究表明，运用空间单元融合算法对我国铁路货运区域空间特征进行研究，可以很好的考虑到相邻空间单元之间的运输联系强度，符合地理学第一定律的基本思想，从而拓展了运输区域空间特征分析的研究理论。运用该算法得到的我国铁路货运区域的划分结果完善了我国铁路货运的规划层次，避免了由于区域层次空间范围的模糊性而造成的重复规划和盲目建设，而且通过运输联系特征及货流特征的分析可以得到各区域的功能定位和发展方向，并能够预测区域空间的演化趋势，对于指导我国铁路货运区域规划与建设具有很强的理论和现实意义。

（4）从动力机制和支撑机制两个角度对铁路货运发展演化的动因机制进行了理论研究与实践分析。在构建出基于组合分辨系数的灰色关联分析方法来进行动力机制运作主指标的提取的基础上，结合工业化阶段划分理论和运输演化理论，设计出动力机制运作影响分析理论方法及分析步骤；运用该方法进行实践分析，得到我国铁路货运发展演化的需求动力和方向动力，从而为我国铁路货运发展演化提供了运输需求的合理性判断以及发展方向的导向性策略；在灰色生产函数中加入"时滞"变量，设计出支撑机制运作影响分析研究时所采用的时滞灰色生产函数理论模型及分析步骤；运用该模型进行实践分析，得到我国铁路货运发展演化中各项投入对产出的贡献特征，从而为我国铁路货运发展演化提供支撑投入的导向性策略。

（5）从评价机制和调整机制两个角度对铁路货运发展演化的运作机制进行实践分析。在选取评价机制运作指标的基础上，对各运作指标的特征及原因进行了分析，得出目前我国铁路货运发展演化需解决的主要问题，从而对我国铁路货运发展演化调整策略的制定提供现状评价指导。根据铁路货运发展演化影响机制运作体系结构模型的结构关系，对动力机制、支撑机制和评价机制影响分析的研究成果进行综合分析，得到了铁路货运发展演化各阶段的调整策略。将调整策略和调整机制的实际运作进行比较分析，得出目前我国铁路货运发展演化调整机制的实际运作总体上满足调整策略的导向，但存在明显的"滞后"效应。研究表明，从各项影响机制的运作影响实践研究出发而得到的调整策略适用于我国目前铁路货运发展演化的实际，可以使各相关部门对于铁路货运发展策略的制定具有前瞻性，为解决社会经济发展对货物运输需求的快变性与铁路货运供给慢变性这两种背反特征间的均衡难题提供科学有效的理论支持和实践指导。

2．主要创新点

（1）基于运输需求和供给角度，从动力机制、支撑机制、评价机制和调整机制四个角度建立铁路货运发展演化影响机制运作体系结构模型（2.4）。运用该模型中的结构关系，对各影响机制进行理论研究和实践分析，分别得出我国铁路货运的宏观发展导向、投入调整建议、现状评价指导和发展调整策略，从而使我国铁路货运发展策略的制定具有科学性和前瞻性，为解决社会经济发展对货物运输需求的快变性与铁路货运供给慢变性这两种背反特征间的均衡难题提供有效途径。

（2）在生物进化和铁路货运演化之间建立了隐喻关系，将生长曲线模型移植到铁路货运发展演化规律特征分析中并进行算法改进，基于调整拟合优度最大隶属原则，设计出基于调整拟合优度的生长曲线模型算法（3.2）。在实践应用中解决了我国铁路货运发展演化在呈现连续型生长曲线特征时，如何对其周期阶段和规律特征进行准确划分和发展预测的难题，从而为统一铁路货运发展认识和指导铁路建设规模时序提供理论支撑和实践指导。

（3）从空间位置邻近性和运输联系相关性的角度设计出空间单元融合算法，拓展了运输区域空间划分的研究理论（4.1）。运用该算法对我国铁路货运区域空间分布及演化特征进行实践分析，完善了铁路货运区域层面的规划层次，避免了由于区域层次空间范围的模糊性而造成的重复规划和盲目建设，为铁路货运进行区域规划和建设提供了功能定位和发展目标。

（4）设计出基于组合分辨系数的灰色关联分析法来进行动力机制运作主指标的提取，在此基础上结合工业化阶段划分理论和运输演化理论，设计出动力机制运作影响分析方法步骤（5.1）。该方法在实践应用中得到我国铁路货运发展演化的需求动力和方向动力，从而为我国铁路货运发展演化提供了运输需求的合理性判断及发展方向的导向性策略。

3. 需要进一步研究的问题

铁路货运发展演化机理研究的领域非常宽泛，其涉及的研究内容远非本书可以囊括，由于作者的水平有限和时间的紧迫，很多相关内容都没有太多涉及，这亟待在以后的科研工作中将其进步扩展和深化。书中有待深入研究的内容主要在以下几个方面：

（1）本书尽量建立一个能够全面衡量铁路货运发展演化的影响机制运作体系结构模型，但是由于水平所限，很多机制还是没有考虑进去，比如价格机制、激励机制等，如何运用更加科学的结构模型化技术将该体系结构模型进一步完善是下一步研究的重点。

（2）在铁路货运发展演化的生命周期特征研究中，本书基于系统论的阐释，最终选用铁路营业里程来代表铁路货物运输发展演化的主参数，但实际上铁路营业里程是包含高速铁路里程的，随着高速铁路的快速发展，其对铁路货运发展演化主参数的影响需进一步研究。并且在进行生命周期判定时，对于影响生长曲线呈现生命周期生长特征的相关因素，如地理条件、政策法规、经济环境等也值得深入研究。

（3）在铁路货运发展演化的区域空间特征分析中，本书仅基于空间边界相邻性对铁路货运区域空间单元的权重矩阵进行了判定，如何在空间单元相邻性中考虑如地理、经济、铁路货物运输干线分布等其他因素的影响也需进一步分析，使空间区域划分结果更加合理。

（4）将铁路货运发展演化各影响机制运作的理论方法应用到我国铁路货

运实践分析中，最困扰作者的还是各影响机制衡量指标数据的收集问题，很多指标数据都没有特别根据铁路货物运输所设定，比如铁路营业里程、铁路固定资产投资、铁路从业人数、铁路从业人员工资等；很多针对铁路货运的指标不全，比如铁路货运收入；还有很多相同的指标在国家统计年鉴和铁路统计公告中的数据并不相同，这都给本书在实践分析过程中带来很大的困扰。如何在"大数据"背景下建立一个完善的铁路货物运输指标数据库是一项长期而又艰巨的工作。

参考文献

[1] 荣朝和. 运输发展理论的近期进展[J]. 中国铁道科学，2001，22（03）：1-8.

[2] 张国强，王庆云，张宁. 中国交通运输发展理论研究综述[J]. 交通运输系统工程与信息，2007，7（04）：13-18.

[3] ARNULF G. The Rise and Fall of Infrastructures，Dynamics of Evolution and Technological Change in Transport[M]. Heidelberg: Physica-Verlag，1990.

[4] 荣朝和. 必须重视和加速国民经济的运输化[J]. 科技导报，1990（04）：23-26.

[5] 荣朝和. 论运输化[M]. 北京：中国社会科学出版社，1993.

[6] 韩彪. 交通运输发展理论[M]. 大连：大连海事大学出版社，1994.

[7] 熊永均. 铁路与经济增长[M]. 北京：中国铁道出版社，1999.

[8] 刘丽，祝治福，王铮等. 中国交通网络的竞争演替分析[J]. 中国农业大学学报（社会科学版），2001（02）：27-32.

[9] 唐国玺. 我国货运需求生成机理分析及模型研究[D]. 长安大学，2007.

[10] 吴群琪，陈文强. 交通运输系统演化机理与发展趋势[J]. 长安大学学报（社会科学版），2009，11（02）： 13-17.

[11] 马俊. 交通网络演进：过程与机制研究[D]. 北京交通大学，2011.

[12] TAAFFE E J, GAUTHOER H L, O'KELLY M E. Geography of Transportation[M]. New Jersey: PrenticeHall, 1996.

[13] ASSAD A A. Models for rail transportation[J]. Transportation Research Part A, 1980, 14(3): 205-220.

[14] Transportation Development Centre, Augmented Rail Freight Transportation Research and Development Program [R]. Canada: Transport Canada, Development, 1985.

[15] DONALD F W, JAMES C J. ContemporaryTransportation[M]. PennWell

Corporation, 1980.

[16] European Conference of Ministers of Transport(ECMT). Railway Reform Regulation of Freight Transport Markets[R]. France: OECD, 2002.

[17] European Conference of Ministers of Transport(ECMT), European Integration of Rail Freight Transport[R]. Paris: OECD, 2002.

[18] CASSON M. The Evolution of the British Railway Network, 1825- 1914[R]: Full Research Report of the Award/Grant, 2005.

[19] ALLAN W, JULIAN A, MICHAEL B. The impact of globalisation on international road and rail freight transport activity Past trends and future perspectives[R]. Mexico: OECD/ITF Global Forum on Sustainable Development: Transport and Environment in a Globalising World, 2008.

[20] EUGENIO R L, LUIS M L, EUGENIO R M. Evolution of Railway Network Flexibility: The Spanish broad gauge case[J]. Mathematics and Computers in Simulation, 2009, 78(8): 2317-2332.

[21] JORDI M H. European Integration and National Models for Railway Networks (1840-2010)[J]. Journal of Transport Geography, 2013, 26(1): 126-138.

[22] HENDRIK L. Strategic Market Expansions in the Rail Freight Sector: Db Schenker Rail's Acquisition of Pcc Rail in Poland [M]. Anchor Academic Publishing, 2014.

[23] 王际祥. 铁路货运需求增长与经济发展的关系—数量与结构分析[D]. 北方交通大学，1995.

[24] 管楚度. 交通区位论及其应用[M]. 北京：中国铁道出版社，2000.

[25] 张红亮，杨浩，朱晓宁. 高速铁路成网背景下既有线货物运输发展策略[J]. 综合运输，2013（06）：55-59.

[26] 严季，王炼. 我国货物运输发展趋势分析[J]. 武汉理工大学学报（交通科学与工程版），2003，27（06）：774-777.

[27] 周爱国，李夏苗. 中国货物运输现状与铁路货物运输发展趋势分析[J]. 长沙铁道学院学报（社会科学版），2002，3（03）：72-74.

[28] 汪涛，王祖祥. 中国铁路运输企业运营模式研究[J]. 中国工业经济，2003（11）：62-70.

[29] 姜旭. 关于我国铁路货物运输的实证研究[J]. 物流技术, 2011, 30（19）: 21-24, 38.

[30] 杨潇. 铁路运输结构演进的趋势分析[J]. 价值工程, 2015（22）: 142-145.

[31] 杨柳文. 铁路货运系统协同发展研究[D]. 中南大学, 2012.

[32] FENG FL, YANG LW, DAN L. ORDER-PARAMETER MODEL FOR SYNERGETIC THEORY-BASED RAILWAY FREIGHT SYSTEM AND EVOLUTION IN CHINA[J]. Traffic&Transportation, 25(3): 195-207.

[33] 金凤君, 王姣娥. 20 世纪中国铁路网扩展及其空间通达性[J]. 地理学报, 2004, 59（02）: 293-302.

[34] 杨秋宝. 论枢纽型城市铁路网络形态的优化[D]. 北京交通大学, 2010.

[35] JAMES JW, RONG CH, XU J. The funding of hierarchical railway development in China[J]. Research in Transportation Economics, 2012(35): 26-33.

[36] YANG M, JIN FJ. Modelling the Accessibility Classification of Railway Lines: A Case Study of Northeast China Railway Network[J]. Traffic&Transportation, 25(5): 467-474.

[37] 嵇昊威. 中国煤炭铁路运输网络可达性演变特征与优化研究[D]. 南京师范大学, 2014.

[38] WANG JE, JIN FJ, MO HH. Spatiotemporal Evolution of China's Railway Network in the 20th Century: An Accessibility Approach[J]. Transportation Research Part a: Policy and Practic, 2009, 43(8): 765-778.

[39] 百度百科. 生命周期[EB/OL][2015-06-12]. http: //baike.baidu.com/link? url=O8j9T3RwJIUR9QmXO6O35asNdX-J_OLiFsK-2ZfnFfi7zrzQqjAgIS 2pLjf6xwqlnm_63bNwWYmJsMDkXQO1cfRZx7tSSGC5paRbKV3pUy3 EOoua1DYenSS61ncWJ5f_wGoJjyFq7OCLikYOHLMyn_.

[40] UTTERBACK J M. Mastering the dynamics of innovation[M]. Boston MA: Harvard Business School Press, 1994.

[41] MICHAEL C, FERNANDO F S, STEVE K. Product，Process and Service：A New Industry Lifecycle Model[M]: MIT Working Paper, 2006.

[42] MICHAEL G, STEVEN K. Time paths in the diffusion of product innovations[J]. The Economic Journal, 1982, 92(367): 630-653.

[43] STEVEN K, ELIZABETH G. The evolution of new industries and the determinants of market structure[J]. Journal of Economics, 1990, 21(1): 27-44.

[44] AGARWAL, RAJSHREE, GORT. The Evolution of Markets and Entry, Exit and Survival of Firms[J]. Review of Economics and Statistics, 1996, 78(3): 489-498.

[45] ARCESE G, LUCCHETTI M C, MARTUCCI O. Social Life Cycle Assessment in a Managerial Perspective： An Integrative Approach for Business Strategy[J]. Setac Europe Meeting in Basel, 2014(01): 227-252.

[46] BROCKHOFF P M. Growth curve modelling[J]. Food Quality and Preference, 1998, 9(3): 91-93.

[47] 崔婷，陈俣秀，于剑. 基于生命周期的民航运输产业竞争力演化研究[J]. 北京理工大学学报（社会科学版），2009，11（06）：38- 41.

[48] 尹从峰. 基于生命周期理论的铁路客站适应性设计研究报告[D]. 北京交通大学，2011.

[49] 李雪梅，阎玮. 基于产业生命周期理论的我国铁路发展趋势分析[J]. 中国铁道科学，2011，32（01）：127- 132.

[50] 段丽丽. 基于生命周期理论的物流产业集群发展研究[D]. 中南大学，2012.

[51] 过秀成，孔哲. 城市轨道交通网络演变机理及生成方法[M]. 北京：科学出版社，2013.

[52] 王宇，帅斌，李季涛. 基于生长曲线的中国铁路网生命周期判定[J]. 交通运输系统工程与信息，2015，15（01）：23- 29.

[53] 王君. 中国物流产业生命周期研究[J]. 现代商业，2015（20）：23- 24.

[54] KITCHIN R, NIGEL T. International Encyclopedia of Human Geography[M]. Elsevier Science & Technology，2009.

[55] 王建伟. 空间运输联系与运输通道系统合理配置研究[D]. 长安大学，2004.

[56] ROBERTA C. Regional Economics[M]. London: Taylor & Francis Ltd, 2015.

[57] MASAHISA F, PAUL K, ANTHONY J V. The spatial economy: cities,

regions and international Trade Models of Disorder[M]. MIT Press, 2001.

[58] 中国铁路总公司组织机构. 中国铁路总公司[EB/OL][2015-09-03]. http：//www.china-railway.com.cn/zgsgk/zzjg/201403/t20140313_42265.html.

[59] 国家铁路局地区机构设置. 国家铁路局[EB/OL][2015-09-03]. http：//www.nra.gov.cn/.

[60] BUTTON K. Transport Economics[M]. Edward Elgar Publishing, 2010.

[61] BOULDEVILLE J R. Problems of Regional Economic Planning[M]. Edinburgh U.P.，1966.

[62] KLAASSEN L H. Area Social And Economic Redevelopment[M]. OECD, 1965.

[63] HANSEN N. French Regional Planning[M]. Indiana U.P., 1968.

[64] А•и•契斯托巴耶夫（苏）. 经济区的发展、理论和研究方法[M]. 北京：海洋出版社，1990.

[65] HARVEY A, TAYLOR J. Regional economics and policy[M]. Wiley-Blackwell, 2000.

[66] U.S. Department of Commerce. Bureau of Economic Analysis. Regional Economic Measurement Division. REIS: Regional Economic Information System[R]. Washington, 2000.

[67] 姜玲,杨开忠. 日本都市圈经济区划分对中国的启示[J]. 亚太经济, 2007（2）: 113-117.

[68] DUNFORD M, GRECO L. Territorial divisions of labour, modes of governance and Italian regional economic performance: Piemonte-Lombardia and Puglia-Basilicata[J]. Regional Economic Performance，Governance and COHE, 2002(4): 25-62.

[69] DUNFORD M. Industrial trajectories and social relations in areas of new industrial growth[J]. Industrial Change and Regional Development, 1991(6): 51-82.

[70] GUO RX. Understanding the Chinese Economies[M]. Academic Press, 2013.

[71] 张子珍. 中国经济区域划分演变及评价[J]. 山西财经大学学报（高等教育版），2010（02）: 89-92.

[72] YU NN, MARTIN J, SREVAAS S, et al. Spatial spillover effects of transport infrastructure evidence from Chinese regions[J]. Journal of Transport Geography, 2013(28): 56-66.

[73] PEDRO C, MERCEDES G A, JOAQUIN M. Transport infrastructure, spillover effects and regional growth evidence of the Spanish case[J]. Transport Reviews, 2005, 25(1): 25-50.

[74] 张文尝，金凤君，樊杰. 交通经济带[M]. 北京：科学出版社，2002.

[75] 袁长伟，王建伟，林文新. 中国运输区域划分方法[J]. 长安大学学报（自然科学版），2006，26（04）：79- 82.

[76] 赵凤彩，吴彦丽. 我国民航运输经济的区域划分[J]. 经济地理，2008，28（05）：841- 844.

[77] 刘滨. 关于划分我国运输经济区域的一些设想[J]. 黑龙江交通科技，2009（10）： 175-176.

[78] 帅斌，钟绍林，李静. 我国铁路运输发展区域划分研究[J]. 铁道科学与工程学报，2013，10（01）： 108-111.

[79] 赵坚，汤浒，崔莎娜. 我国铁路重组为三大区域铁路公司的设想[J]. 综合运输，2012（07）：28-32.

[80] 孙有霞. 我国铁路改革的区域公司划分方案决策研究[D]. 北京交通大学，2014.

[81] BENNATHAN, ESRA, JULIA F, et al. What Determines Demand for Freight Transport？ [R]. Policy Research Working Paper 998. World Bank, Washington，D.C., 1992

[82] 陈兰华. 论铁路安全管理长效机制的建立[J]. 铁道运输与经济，2005，27（02）：48-49.

[83] 李世斌. 铁路运输业管理体制及运营机制改革的构想[J]. 郑铁科技通讯，2005（03）：1-4，8.

[84] 姜琪. 中国铁路运输业的有效竞争研究[D]. 山东大学，2013.

[85] 陈学东，李学伟，韩宝明，等. 关于效益型铁路运输组织新机制的研究[J]. 中国铁路，2001（08）：14-17，4.

[86] 陆景. 推进体制机制创新实现铁路科学发展[J]. 理论学习与探索，2013（02）：47- 48.

[87] 肖德贵. 转换铁路局经营机制转变铁路发展方式[J]. 铁道经济研究, 2011
（02）: 1-7.

[88] 韩彧. 对铁路运输产品营销机制的建立和铁路运输企业营销机构设置的
探讨[J]. 铁道经济研究, 2000（02）: 11-13, 19.

[89] 武汛. 关于建立铁路营销长效机制的思考[J]. 铁道货运, 2009（11）:
4-6, 40, 5.

[90] 赵俊岚. 市场经济条件下铁路运输业营销机制的建立[J]. 内蒙古科技与
经济, 2009（03）: 106-107.

[91] 孙春芳. 铁路价格管理机制将变[N]. 21 世纪经济报道. 2015-05-01
（005）.

[92] 方学. 完善铁路货运价格形成机制取得关键性进展[N]. 中国经济导报.
2013（A01）.

[93]李文兴. 我国铁路运价形成机制改革思路探索[J]. 价格理论与实践, 2015
（03）: 21-26.

[94] 芦建振. 铁路投资政策对铁路货运的影响机制研究[D]. 北京交通大学,
2013.

[95] 李彬华. 试析中国铁路行业竞争机制的引入[J]. 经济与管理, 2010（01）:
10-14.

[96] 李博, 王栋, 夏欢欢. 我国铁路技能型人才培养机制的探讨——计划机
制和市场机制的权衡取舍[J]. 太原城市职业技术学院学报, 2009（11）:
96-97.

[97] 李祥奎. 试谈激励机制在铁路站段管理中的作用[J]. 内蒙古科技与经济,
2005（22）: 55-56.

[98] 王亮. 基于产业结构调整的铁路货物运输发展战略研究[D]. 西南交通
大学, 2010.

[99] 苏帆. 我国铁路货物运输发展的灰色关联分析[J]. 数学的实践与认识,
2005（10）: 73-77.

[100] 唐国玺. 我国货运需求生成机理分析及模型研究[D]. 长安大学, 2007.

[101] 张蕾. 泛长三角铁路货运空间格局演变及影响机制[J]. 地域研究与开
发, 2010（05）: 39- 44.

[102] 安迪. 铁路货运量影响因素分析及对策研究[J]. 铁道货运, 2014（10）:

41-46.

[103] 许庆斌，荣朝和，马运. 运输经济学导论[M]. 北京：中国铁道出版社，1995.

[104] 王琳. 铁路客运网络演化机制研究[D]. 西南交通大学，2012.

[105] 唐建桥. 区域运输结构优化研究[D]. 西南交通大学，2013.

[106] 冯余. 货物运输市场需求与供给的机理研究[D]. 大连海事大学，2006.

[107] 陈卫. 航空运输业演化研究[D]. 北京交通大学，2012.

[108] 于宛抒. 中国海洋交通运输产业演化机制研究[D]. 中国海洋大学，2013.

[109] 殷瑞钰，李伯聪，汪应洛. 工程演化论[M]. 北京：高等教育出版社，2011.

[110] 百度百科. 演化[EB/OL][2015-09-01]. http：//baike.baidu.com/view/712348.htm.

[111] 李喜先. 系统论[M]. 北京：科学出版社，2005.

[112] 赵建有. 道路交通运输系统工程[M]. 北京：人民交通出版社，2004.

[113] 刘澜. 交通运输系统分析[M]. 成都：西南交通大学出版社，2008.

[114] 阎玮. 中国铁路产业发展趋势及发展阶段分析[D]. 北京交通大学，2011.

[115] 张宛儿. 基于 SPSS 的我国铁路现状分析及发展建议[J]. 商业经济，2009（18）：32-33，40.

[116] 王富忠. 铁路运输与经济发展的关系-自 1952 年以来的经验证据[J]. 浙江科技学院学报. 2015，27（2）：125-129.

[117] 百度百科. 机制[EB/OL][2015-08-20]. http：//baike.baidu.com/view/79349.htm.

[118] 苏为华. 多指标综合评价理论与方法问题研究[D]. 厦门大学，2000.

[119] TERRY E D, SUSAN C D. An introduction to latent growth curve modeling[J]. Behavior Therapy, 2004, 35(2): 333-363.

[120] JENNIFER L KRULL E H. Growth Curve Modeling[M]. Arrudapublished Online, 2015.

[121] MICHAEL J P. Growth Curve Modeling Theory and Applications[M]. Hoboken, New Jersey: JOHN Wiley & SONS, 2014.

[122] 葛雄灿，吴次芳. S 形增长模型之比较、组合预测及应用[J]. 生物数学学报，2000，15（3）：367-374.

[123] 简小珠，张敏强，彭春妹. 四参数 Logistic 模型研究进展及其评价[J]. 心理学探新，2010，30（3）：65-69.

[124] 方芳. 生长曲线模型中回归系数的参数估计[D]. 东南大学，2006.

[125] 齐欢. 数学模型方法[M]. 武汉：华中理工大学出版社，1996.

[126] 陈江平，张瑶，余远剑. 空间自相关的可塑性面积单元问题效应[J]. 地理学报，2011，66（12）：1597-1606.

[127] OPENSHAW S, TAYLOR P. A million or so correlation coefficients Three experiments on the modifiable area unit problem[J]. Statistical Applications in the Spatial Sciences, 1979(3): 127-144.

[128] OPENSHAW S. The Modifiable Areal Unit Problem, Concepts and Techniques in Modern Geography[M]. Norwich: Geobooks, 1984.

[129] JOSE M V, MARTINEZ L M. Effects of the modifiable areal unit problem on the delineation of traffic analysis zones[J]. Environment and Planning B: Planning and Design, 2009, 36(3): 625-643.

[130] BUTKIEWICZ T，MEENTEMEYER R K, SHOEMAKER D A, et al. Alleviating the Modifiable Areal Unit Problem within Probe-Based Geospatial Analyses[J]. Computer Graphics Forum, 2010, 29(3): 923-932.

[131] TARKIAINEN L, MARTIKAINEN P, LAAKSONEN M, et al. Comparing the effects of neighbourhood characteristics on all-cause mortality using two hierarchical areal units in the capital region of Helsinki[J]. Health & Place, 2010, 16(4): 409-412.

[132] 骆剑承，周成虎，梁怡，等. 多尺度空间单元区域划分方法[J]. 地理学报，2002，57（02）：167- 173.

[133] 张文尝，金凤君，荣朝和，等. 空间运输联系——理论研究·实证分析·预测方法[M]. 北京：中国铁道出版社，1992.

[134] KOLACZYK E D, HUANG H Y. Multiscale statistical models for the hierarchical spatial aggregation[J]. Geographical Analysis, 2001, 33(2): 95-118.

[135] 任民. 省级区域间铁路货运交流特点分析[J]. 中国铁路，2007（10）：

55-58.

[136] 中华人民共和国交通运输部. 2013 中国交通年鉴[M]. 北京：人民交通出版社，2013.

[137] 王庆云. 中国交通发展的演进过程及问题思考[J]. 交通运输系统工程与信息，2007，7（01）：1-11.

[138] 冯飞，王晓明，王金照. 对我国工业化发展阶段的判断[J]. 当代社科视野，2012（10）：56- 57.

[139] 刘思峰，谢乃明. 灰预测与决策方法[M]. 北京：科学出版社，2013.

[140] HUITT W. Maslow's hierarchy of needs[EB/OL][2015-08-20]. http：//www. edpsycinteractive.org/topics/regsys/maslow.html.

[141] 唐国玺. 我国货运需求生成机理分析及模型研究[D]. 长安大学，2007.

[142] 谢幸妮. 道路运输需求分析[D]. 长安大学，2000.

[143] 易德生，郭萍. 灰色理论与方法-提要·题解·程序·应用[M]. 北京：石油工业出版社，1992.

[144] 吴群. 工业化发展阶段评价标准综述[J]. 经济研究导刊，2014，239（21）：8-9.

[145] 王姣娥，王涵，焦敬娟. "一带一路"与中国对外航空运输联系[J]. 地理科学进展，2015，34（05）：554- 562.

[146] 孙春芳. 1-4 月铁路货运降幅收窄[N]. 21 世纪经济报道. 2015-05-01（005）.

[147] 付湛辉，吴志方. 创建零散白货运输品牌的探讨[J]. 铁道货运，2014（02）：1-6，70.

[148] 鲁亚运. 基于时滞灰色生产函数的我国海洋科技进步贡献率研究[J]. 科技管理研究，2014（12）：55-59.

[149] SOLOW R M. Technical change and The Aggregate Production function[J]. Review of Economics and Statistics, 1957, 39(03): 312-320.

[150] 刘思峰，党耀国，李炳军. 河南技术进步与科技投入关系的实证分析[J]. 河南农业大学学报，1999，33（04）：339-341.

[151] 李志献. 基于灰色生产函数模型和索洛"余值法"的广西技术进步贡献率测度研究[J]. 企业导报，2013（07）：174-176.

[152] 魏丽. 基于灰色生产函数模型对宁夏农业科技进步贡献率的测算与分

析[J]. 宁夏农林科技，2013，54（12）：87-90.

[153] 肖旭，傅盈，张利艳.中国铁路提速后技术进步对产出贡献的测算[J].大连交通大学学报，2015，36（03）：99-103.

[154] 陈道斌，王浣尘，陈宏民. 时滞生产函数理论[J]. 系统工程理论方法应用，1993，2（01）：38-43.

[155] 葛新权.带时滞的生产函数研究[J].数量经济技术经济研究,2003(06)：78-80.

[156] 肖新平，毛树华.灰色系统理论及其应用[M].北京：科学出版社,2013.

[157] 田艳杰，叶庆余.技术进步对铁路投入产出的影响[J].中国铁路，1992（03）：24-26，38.

[158] 张杰. 技术进步对我国铁路运输收入的增长贡献研究[J]. 铁路采购与物流，2010（01）：53-55.

[159] 铁道部，铁计[1989]131号. 铁路固定资产投资统计规则[S]，1989.

[160] 刘思峰，邓聚龙. GM（1,1）模型的适用范围[J]. 系统工程理论与实践，2000（05）：121-124.

[161] 卫梦星. 中国海洋科技进步贡献率研究[D]. 中国海洋大学，2010.

[162] 21世纪经济报道.2015年1-4月全国铁路货运发送量数据分析[EB/OL] [2015-08-22]. http：//www.chinabgao.com/stat/stats/42298.html.

[163] 张颖川.铁路货运大幅提价的背后[N].现代物流报.2013-03-01（A04）.

[164] 曾万平. 我国资源型城市转型政策研究[D]. 财政部财政科学研究所，2013.

[165] 新华网. 发改委上调铁路货物运价 2015年8月1日起实行[EB/OL].（2015-01-31）[2015-08-22]. http：//news.xinhuanet.com/finance/2015-01/31/c_127443503.htm.

附　录

空间联系强度检验矩阵的 GAMS 程序语言及输出结果（4.1.2 节）

```
┌──────────────────────────────────────────────────────────────────┐
│ File  Edit  Search  Windows  Utilities  Help                       │
├──────────────────────────────────────────────────────────────────┤
│ [□][🖫][✎][✕][▷]          ▼ (a) [🖨][➡]                             │
├──────────────────────────────────────────────────────────────────┤
│ 空间运输联系系数矩阵.gms                                             │
└──────────────────────────────────────────────────────────────────┘
```

```
sets
    i    /1*4/
    j    /1*4/                                          确定空间单元个数
    k    /1*4/   ;
table x(i,j)
******************************************
        1     2     3     4
1     1345   223   344   456                            输入空间单元OD矩阵
2     3234   165   256   567
3     2567   356  1567   678
4     5673   654   456   456
******************************************
                                  ;
table x1(j,i)
******************************************
        1     2     3     4
1     1345   223   344   456                            输入空间单元OD矩阵
2     3234   165   256   567
3     2567   356  1567   672
4     5673   654   456   456
******************************************
                                  ;
parameters
    a(i)
******************************************
                 1=16
                 2=26                                   输入标准化系数
                 3=35
                 4=67/
******************************************
    b(j)
******************************************
                 1=16
                 2=26                                   输入标准化系数
                 3=35
                 4=67/
******************************************
    s1(k)        sotre the value of each row
    s2(k)        sotre the value of each column          定义输出参数
    f(i,j)
    f1(i,j)
    f2(i,j)
    suma     sum of a ;
loop(k,
  loop(i,
    if(k.ord eq i.ord ,
      s1(k)=sum(j,x(i,j)));
      );
    );
  loop(j,
    if(k.ord eq j.ord ,
      s2(k)=sum(i,x(i,j)));
      );
    );
  );

loop(i,
  loop(j,
    loop(k,                                             根据空间联系强度模型
      if(i.ord eq k.ord ,                               确定循环语句
        f1(i,j)=a(i)*( x(i,j)/s1(k)+x1(j,i)/s2(k)) ;
        )
      )  ;
    )  ;
loop(j,
  loop(i,
    loop(k,
      if(j.ord eq k.ord ,
        f2(i,j)=b(j)*( x1(j,i)/s1(k)+x(i,j)/s2(k)) );
        )
      )
    )
loop(i,
  loop(j,
    f(i,j)=f1(i,j)+f2(I,J) ;
    )  ;

  suma=sum(i,a(i));                                     结果输出
Display s1,s2,suma,f ;
```

GAMS 程序语言（以检验 4×4O-D 矩阵为例）

158

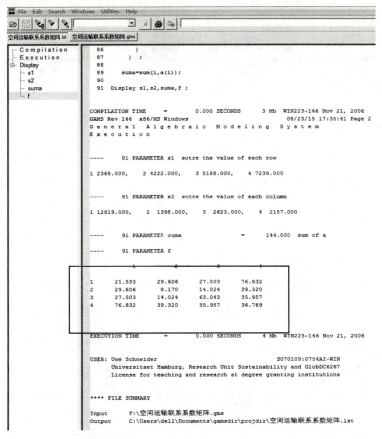

GAMS 程序的输出结果（以检验 4×4OD 矩阵为例）

附表：

附表 1　动力机制运作衡量指标数据（1999—2014 年）

指标 年份	铁路营业 里程 （万公里） X_0	国民生产 总值 （亿元） X_1	第一产业 增加值 （%） X_2	第二产业 增加值 （%） X_3	第三产业 增加值 （%） X_4	货物进出 口总额 （亿元） X_5	居民消费 支出 （元） X_6
1999	6.74	90 187.7	16.1	45.3	38.6	29 896.30	3 346
2000	6.87	99 776.3	14.7	45.4	39.8	39 273.20	3 721
2001	7.01	110 270.4	14.1	44.7	41.3	42 183.60	3 987
2002	7.19	121 002.0	13.4	44.3	42.3	51 378.20	4 301
2003	7.30	136 564.6	12.4	45.5	42.1	70 483.50	4 606
2004	7.44	160 714.4	13.0	45.8	41.2	95 539.10	5 138
2005	7.54	185 895.8	11.7	46.9	41.4	116 921.80	5 771
2006	7.71	217 656.6	10.7	47.4	41.9	140 974.00	6 416
2007	7.80	268 019.4	10.4	46.7	42.9	166 863.70	7 572
2008	7.97	316 751.7	10.3	46.8	42.9	179 921.47	8 707
2009	8.55	345 629.2	9.90	45.7	44.4	150 648.06	9 514
2010	9.12	408 903.0	9.60	46.2	44.2	201 722.15	10 919
2011	9.32	484 123.5	9.50	46.1	44.3	236 401.95	13 134
2012	9.76	534 123.0	9.50	45.0	45.5	244 160.20	14 699
2013	10.31	588 018.8	9.40	43.7	46.9	258 168.90	16 190
2014	11.18	636 462.7	9.20	42.6	48.2	264 334.49	17 705

注：数据来源于中国统计年鉴。

附表 2   铁路货运投入产出的指标数据序列表（1999—2014 年）

年份 t	铁路货运收入（亿元）Y_t	铁路固定资产投资额（亿元）K_t	铁路就业人数（人）	铁路职工工资（元）	铁路从业人数工资总额（亿元）L_t	铁路固定资产投资调整后（亿元）K_{t-3}
1999	522.4	803.7	1 852 000	12 353	228.8	681.9
2000	566.6	780.8	1 871 000	13 607	254.6	753.5
2001	688.6	808.3	1 789 271	13 807	247.0	819.9
2002	704.7	962.7	1 758 421	14 002	246.2	803.7
2003	784.3	861.0	1 727 735	15 753	272.2	780.8
2004	943.3	890.0	1 698 667	18 071	307.0	808.3
2005	1 105.7	1 361.0	1 665 588	20 911	348.3	962.7
2006	1 281	2 088.4	1 652 720	24 111	398.5	861.0
2007	1 392.5	2 521.0	1 741 029	27 903	485.8	890.0
2008	1 593.2	4 168.0	1 732 909	32 041	555.2	1 361.0
2009	1 623.5	7 013.0	1 850 147	35 315	653.4	2 088.4
2010	1 774.5	8 425.0	1 756 385	40 466	710.7	2 521.0
2011	2 211.1	5 906.0	1 761 542	47 078	829.3	4 168.0
2012	2 331	6 339.0	1 793 267	53 391	957.4	7 013.0
2013	2 659	6 657.0	1 796 382	57 993	1 041.8	8 425.0
2014	2 578.8	8 088.0	1 795 362	63 416	1 138.5	5 906.0

注：就业人数、职工工资数据来源于中国统计年鉴，由于数据缺失，铁路职工工资根据交通运输、仓储和邮政业城镇单位就业人员年平均工资代替。铁路货运收入、铁路固定资产投资来源于各年度铁路统计公报，其中 1999—2005 年铁路固定资产投资由公告中的基本建设投资+运输设备更新改造+机车车辆购置费计算。2010 年后货运收入根据网络评论分析整理，数据来源：http://finance.sina.com.cn/chanjing/gsnews/20130506/023415354200.shtml。

附表3　全社会不同运输方式货运量数据表（1999—2014年）单位（万吨）

年份	铁路	公路	水运	民航	总计
1999	167 196	990 444	114 608	170.00	1 272 418
2000	178 023	1 038 813	122 391	196.70	1 339 424
2001	192 580	1 056 312	132 675	171.00	1 272 418
2002	186 900	1 072 300	138 500	198.10	1 397 900
2003	199 100	1 143 100	156 800	217.11	1 500 200
2004	217 800	1 213 600	179 400	272.68	1 611 000
2005	269 500	1 313 800	208 000	303.52	1 791 700
2006	288 000	1 461 400	243 700	341.02	1 993 400
2007	313 100	1 628 400	272 800	394.87	2 214 600
2008	330 100	1 817 500	297 300	403.02	2 445 300
2009	333 000	2 096 900	314 000	443.88	2 744 300
2010	363 900	2 425 300	363 700	557.42	3 153 400
2011	393 100	2 813 400	423 300	552.75	3 630 300
2012	390 438	3 221 300	455 700	541.60	4 068 000
2013	396 697	3 076 648	559 738	561.00	4 102 495
2014	381 334	3 332 838	598 283	593.00	4 381 089

注：数据来源于中国统计年鉴。

附表 4　全社会不同运输方式货物周转量数据表（1999—2014 年）单位（亿吨公里）

年份	铁路	公路	水运	民航	总计
1999	12 910.3	5 724.0	21 263.00	42.30	39 939.60
2000	13 770.5	6 129.4	23 734.20	50.27	43 684.37
2001	14 694.1	6 330.4	25 988.90	43.72	47 057.12
2002	15 658.4	6 783.0	27 511.00	51.60	50 004.00
2003	17 246.7	7 099.0	28 715.80	57.90	53 119.40
2004	19 288.8	7 840.9	41 428.70	71.80	68 630.20
2005	20 726.0	8 693.0	49 672.00	78.90	79 169.90
2006	21 954.4	9 754.3	55 485.75	94.30	87 288.70
2007	23 979.0	11 355.0	64 285.00	116.39	99 735.39
2008	25 016.3	32 868.2	50 262.74	119.60	108 266.83
2009	25 239.2	37 188.8	57 556.67	126.23	120 110.92
2010	27 644.1	43 390.0	68 428.00	178.90	139 641.00
2011	29 465.8	51 375.0	75 424.00	173.91	156 438.71
2012	29 187.1	59 534.9	81 707.58	163.89	170 593.43
2013	29 173.9	55 738.1	79 436.00	170.29	164 518.27
2014	27 530.2	61 016.6	92 774.56	186.10	181 507.48

注：数据来源于中国统计年鉴。